O.1096.
2.
©

LA SCIENCE

DES
CHINOIS,

OV
LE LIVRE DE CVM-FV-CV,

Traduit mot pour mot de la langue Chinoise par le
R. P. Intorcetta Iesuite.

Chūm   中   Medium

Yvm   庸   conſtanter
                                  tenendum.

A PARIS,

Et ANDRE' CRAMOISY, ruë de la vieille Bouclerie proche
le Pont S. Michel, au Sacrifice d'Abraham.

MDCLXXIII.

AVEC PRIVILEGE DV ROY.

AD LECTOREM.

ON iniutundum tibi fuerit, amice Lector, si causas atque argumentum breuis opusculi, Laconicâ breuitate olim descripti
à Principe Philosophiæ Sinensis Confucio, breuibus hîc præco-
gnoscas. Scias itaque velim, mihi è Sinis Romam proficiscenti,
res Sinicæ missionis acturo, placuisse quidem Goæ potius, quæ
fœcunda mater, & primaria veluti Radix Orientalium Missio-
num, iure censeri potest, quam alibi terrarum, editionem hanc,
in Sinis iam antea cœptam, prosequi atque perficere; vt scilicet publico missionis
bono propius ac citius consuleretur; & opus ipsum Orientale, Orienti extremo
proficuum, sub auspiciis Apostoli Orientis successu prospero oriretur: quæ & fuerunt sociorum vota, quando iis degentibus in exilio Quantoniensi propter Christum, postremum non sine lachrymis vale dixi. De opusculi vtilitate siue animarum lucro, atque incremento authoritatis, quod ex notitia opusculi huius ac reliquorum Confucij, accedit præconi Euangelico, vineam Christi Sinensem, Conchin-
chinensem, ac Tunkinensem excolenti, non ipse hîc loquar (Iapones aliæque na-
tiones Sinarum Imperio vicinæ semper sapientiæ primas Sinicæ genti detulerunt)
eam tamen vtilitatem magnam esse necesse est fateantur Europæorum hominum
quotquot præter idioma gentis, literas quoque atque priscorum libros accuratè di-
dicerunt; & quotquot sententias quibus referti sunt libri, placita, instituta maxi-
meque peruetusta monumenta, in proprios nunc vsus conuertunt; sic vt sibi aditum aperiant amplissimum ad afferendam literatæ genti veri summique Numinis
notitiam; vt non loquar de primis Sinicæ Missionis Patribus, quorum directione atque industriâ in more fuit positum, vel ab ipsis Missionis exordiis; vt quicunque in
ea Christi præcones versarentur, Confucij libris accuratè pervoluendis darent operam: & nisi prædecessores nostri magnam inde vtilitatem oriri posse vsu ipso didi-
cissent; quis iudicabit, eos & sibi & posteris, sine vllo animarum lucro, tantum
onus imponere voluisse? Hæc itaque omnia (præter ea quæ in explanatione scientiæ Sinarum politico-moralis paulo fusiùs declarantur) me impulerunt ad hoc opus-
culum Goæ prosequendum, perficiendumque.

   Opusculi vero titulus & argumentum est, Chum Ium, medij scilicet, seu aureæ
mediocritatis constantia; çu su, Confucij nepos ex filia, hunc librum vulgauit, &
quædam de suo addidit; sed & desiderantur multa; sic vt fragmentorum verius
quam libri speciem habeat: ob hanc causam, & quia doctrinæ quæ traditur subli-
mitas, quandoque ipsius naturæ limites videtur excedere, hunc librum Sinenses Ma-
gistri tanquam subobscurum captuque difficilem, cum numero secundus sit, po-
stremo tamen loco in scholis exponunt: est interim præconi Euangelico (vti supra
dicebam) sane vtilis quatenus & morum egregius Magister est, & naturali lumi-
ni vitiorum tenebris offuso, ceu auroræ beneficio, eam veritatis lucem submini-
strat, quæ soli Euangelico præluceat, viamque pandat.

   Vt autem hîc Europæo Lectori, antiquitatis non minus, quam veritatis amanti,
quidpiam præberem condimenti, quo posset Laconicæ lectionis nauseam sibi adi-
mere, aut saltem temperare, Confucij vitam, ex præcipuis Sinarum monumentis
erutam, ad finem huius opusculi addendam esse censui: non eo quidem consilio,
quod cum Seneca vel Plutarcho Sinensem hunc Philosophum conferri velim,

sed vt in Europâ nostrâ tanto viro nobilitatis tam antiquæ, Europæorum æqua æsti-
matio suum illud dumtaxat, quod meretur, pretium daret. Rogo tamen, Lector
benevole, vt si forte quis velit de Confucij doctrinâ tecum disserere, vel eum cum
Europæis Philosophis comparare, tuam non prius sententiam feras quam alibi accurate perlegas, cum huius opusculi, tum reliquorum Confucij operum explanationem:
ex qua profecto plurimum tibi lucis accedet ad ferendum sine erroris periculo iudi-
cium. Demum ad opusculi praxim, & ordinem quod spectat, hæc sunt notanda:

Hæc spe-
ctant ca-
racterum
Sinico-
rum edi-
tionem.

1. Sinica verba, seu literas, quæ in altera eiusdem paginæ columnâ cum suis numeris
opposita sunt, Philosophi textum esse, atque ordine Sinico, à superiori scilicet
deorsum descendendo, & à læua ad dexteram, legi oportere: quibus ex aduerso in
altera columna sub iisdem numeris Latina verba respondent. 2. Sinicos characteres quibus nullus est numerus superadditus, esse particulas quasdam, quæ vel ornatus gratia apponi solent, vel vim habent interrogationis, præpositionis, admi-
rationis, &c. Si qua hic accentuum, vel pronuntiationis diuersitas occurrat, memi-
nerit Sinicæ Missionis Tyro eam non mihi, sed interpretum directioni; Europæa-
rum quoque literarum dissimilitudinem non inconstantiæ, sed penuriæ minutio-
rum characterum attribuere: ob hanc enim penuriam factum est, vt in dimidio
opusculi posteriore, Goæ typis dato (dimidium alterum Sinicis typis excussum
est) intra parentheses claudantur quæ claritatis gratia textui interposita fuerunt,
quæque alias minutiori charactere imprimi debuissent. 4. Notæ oppositæ in margi-
ne sunt f. p. s. prima denotat folium textus Sinici, iuxta ordinem impressionis
Nankin editæ, Authore Chu-Hi, qui liber vulgo dicitur su-Xu-cie-chu. Secunda
indicat paginam, seu potius eiusdem paginæ faciem vnam (apud Sinas folij vnius
ambæ facies vnico signantur numero. Tertia ostendit paragraphum, siue lineam
illam quæ in ipso Philosophi textu aliquali spatio distat ab altera. Hæc sunt quæ
obiter indicanda volui, omissis quæ de accentibus, & modo pronunciandi Sinice
alibi explicantur: neque enim est animus minutiis singulis hic persequendis in-
sistere. Fruere, & vale.

中
庸

SCIENTIÆ SINICÆ

LIBER INTER CONFVCII

LIBROS SECVNDVS.

VOD à cœlo inditum est dicitur natura rationalis : quod conformatur huic naturæ, dicitur regula : restaurare hanc regulam dicitur institutio.

Regula hæc non potest momento temporis abesse : si posset abesse ; non esset regula. Hac de causa perfectus vir attendit & inuigilat in his etiam quæ non videntur : timet ac pauet in his etiam quæ non audiuntur.

Non apparent, quia recondita : non sunt manifesta, quia subtilia. Ideò perfectus vir inuigilat sui secreto.

Gaudium, ira, tristitia, hilaritas, priusquam pullulent, dicuntur medium seu natura indifferens : vbi pullularint & omnia attigerint rectam mensuram, dicuntur concordia : medium est orbis magnum fundamentum : concordia est orbis vniuersalis regula.

Perfectius medio & concordia, cœli ac terræ status quietus, & omnium rerum propagatio existit.

Confucius ait, perfectus vir tenet medium : improbus præuaricatur medium.

Vir perfectus habet medium ; & quia perfectus est, ideò semper tenet medium. Improbus etiam habet medium quod teneat ; sed quia improbus, ideò non veretur illud præuaricari.

Confucius ait : medium ô quam illud sublime ! quod è vulgo pauci illud teneant, iam diu est.

Confucius ait : cur via hæc non frequentetur, ego noui ; quia scilicet prudentes transgrediuntur ; rudes non pertingunt. Cur item via hæc non sit perfecta, ego noui : quia scilicet sapientes excedunt ; inertes non attingunt.

Hominum nullus non bibit & comedit : at pauci valent dignoscere sapores.

Confucius ait : etiam hanc non frequentari, proh ! quàm dolendum !

Confucius ait : Xun Imperatoris, illius quam magna prudentia ! Xun solebat consulere suos, & solebat examinare quæcumque etiam vulgaria suorum responsa, dissimulando mala, & deprædicando bona : arripiensque illorum duo extrema, vtebatur eorum medio ad populum regendum. Atque hæc illa fuere propter quæ factus est Xun, talis scilicet ac tantus Imperator.

Confucius ait : hominum quiuis dicit : ego prudens sum ; sed vt impellitur, mox intrat in mille retia & laqueos, incidit in foueæ medium, & nequaquam scit effugere. Hominum quilibet item dicit : ego prudens sum : seligit medium ; sed non valet per spatium vnius mensis seruare.

Lib. II.   A iij

Confucius ait : Hoêi difcipulus, ille planè erat vir. Seligebat medium : & affecutus vnam aliquam virtutem, illicò arctè eam ftringebat, fouebat in pectore, & nunquam dimittebat.

Confucius ait : Orbis regna poffunt pacificè regi : dignitates & cenfus poffunt recufari : nudi enfes poffuut calcari : at medium non poteft tam facilè teneri.

Difcipulus çù-lu quæfiuit de fortitudine.

Confucius ait : de Auftralis-ne regionis fortitudine, vel de Borealis regionis fortitudine : an de veftra fortitudine quæris ?

Effe largum, lenemque in aliorum inftitutione, nec immoderatius pœnas exigere à refractariis ; Auftralium regionum fortitudo eft ; & in hâc perfecti viri immorantur.

Cubare lanceas fuper, & loricas : mori, & non pertimefcere : Borealium regionum fortitudo eft, & in hâc fortes immorantur.

Itaque virum perfectum accommodare fe aliis, & non diffluere ; hæc fortitudo proh quanta ! in medio aliorum, ipfum vnum rectum ftare, & nufquam inclinare ; hæc fortitudo proh quanta ! Si in regno vigeant virtus ac leges, non mutari, nec intumefcere ; hæc fortitudo proh quanta ! Si in regno iaceant virtus ac leges, etiam redactum ad mortem, non mutari ; hæc fortitudo proh quanta !

Confucius ait : Sectari recondita & patrare miranda, vt pofteris fæculis fint qui deprædicent, id ego non fecero.

Perfectus vir aggreditur viam, & progreditur. Progredi ad medium viæ, & deficere ; ego non poffem fic fiftere.

Perfectus vir conformat fe cum medio. Fugere fæculum ; non videri, nec cognofci ; & id non fentire, folus fanctus poteft.

Perfectorum regula ampla eft, & fubtilis.

Viri fæminæque rudes, poffunt tamen accedere ad notitiam ; at non peruenire ad huius apicem. Quamuis fit fanctus, equidem habebit quod non fciat, non faciat erga alios.

Perfecti viri regulæ funt quatuor. Ego Kieu (legitur meù) necdum benè feruo vnicam : quod enim exigitur à filiis, vt feruiant parentibus, nondum exactè feruo : quod exigitur à fubditis, vt feruiant Regi, nondum perfectè feruo : quod exigitur à fratribus natu minoribus, vt feruiant maioribus ; nondum ad amuffim feruo : quod exigitur in amicos, vt alter alteri primas deferat ; necdum fatis obferuo. Perfectus vir ordinarias has virtutes exercet, & in quotidianis fermonibus circumfpectus eft. Si quid eft, in quo deficiat ; non audet non fibi vim facere. Si habeat verborum copiam, non audet totam effundere. Verba refpondent operibus ; opera refpondent verbis. Vir perfectus quomodo non fit folidus, ac ftabilis hoc modo ?

Perfectus vir pro ratione fui ftatus agit ; nec cupit quidquam ab hoc alienum.

Si exiftat diues, & honoratus ; agit vt diues, & honoratus : Si exiftat pauper & ignobilis ; agit vt pauper & ignobilis : Si exiftat alienigena ; agit vt alienigena : Si verfetur inter ærumnas ; agit pro ratione ftatus ærumnofi. Perfectus vir nufquam intrat, vbi non fit fua forte contentus.

Conftitutus in fuperiori dignitate, non inclementer tractat inferiores : conftitutus in inferiori dignitate, non adulatur fuperioribus. Perficit fe, & non quærit ærumnarum fuarum caufam in aliis : adeòque nunquam indignatur. Supra non queritur de cœlo ; infra non culpat homines.

Ideò perfectus vir commoratur in plano, vt exfpectet cœli ordinationem : improbus ambulat vias periculofas, vt quærat gratuita.

Confucius ait : Sagittarius habet fimilitudinem cum viro perfecto : Si aberrat à depicto fcopo ; reflectens exquirit erroris caufam à fe & fua & perfona.

Perfectorum regula eft inftar facientis iter longinquum, vtique à propinquiori incipit : vel inftar fubeuntis in altum ; vtique ab infimo incipit.

Oda ait : Vxor amans concordiæ eft inftar pulfantis cymbala. Fratres vbi concordant ; concordiæ gaudium vtique diu perfeuerat, & rectè ordinatur tua domeftica familia; exhiliaratur tua vxor, filij ac nepotes.

Confucius ait: pater hoc modo, & mater; ipsi ô quàm læti & tranquilli viuent!

Confucius ait: spiritibus inest operatiua virtus; & hæc quidem quàm præstans est! Illos quasi visu percipis, & tamen non vides. Quasi auditu percipis, & tamen non audis: intimè sociantur rebus; adeoque sunt id, quod res non possunt dimittere.

Efficiunt, vt Orbis homines sint puri, & mundi, ac splendidiorem habitum induant, vt offerant sacrificia. O multitudo immensa spirituum! ac si assisterent ipsis supernè. Ac si assisterent ipsis ad lævam & dexteram.

Oda ait: an Spiritus adueniant, non potest determinari: magisnè poterit verò, si negligenter colantur?

Hujus subtilitatis manifestatio reuera non potest occultari. Sic est omnino.

Confucius ait: Xun, illius quàm magna obedientia! virtute fuit sanctus: dignitate fuit Imperator: opulentia obtinuit quidquid quatuor Maria intra est: in majorum templis sacrificabat: & filios ac nepotes conseruauit.

Ideo magna ipsius virtus haud dubiè obtinuit tantam illam dignitatem: haud dubiè obtinuit tantos illos census: haud dubiè obtinuit tantum illud nomen: haud dubiè obtinuit illam tam longæuam ætatem.

Etenim cœlum in productione rerum haud dubiè accommodat se earum dispositionibus, & dat incrementa: ideoque rectè consita fouet, dejecta destruit.

Oda ait: laudandus iubilis perfectus vir: resplendet eius præclara virtus: quæ populi sunt, tribuit populo; quæ competunt magistratibus, tribuit magistratibus: recipit census à cœlo: conseruat ac protegit imperium & ab ipso cœlo bonis cumulatur.

Ideò tantæ virtutis Vir, útique accipit imperium.

Confucius ait: expers mœroris, is solus fuit Vên Vâm Rex: quia Vam Ki fuit ei pater: & quia Vû Vâm fuit ei filius: quæ pater est orsus, filius pertexuit.

Vû Vâm Imperator propagauit & Tai Vâm & Vâm Ki auorum, & Vên Vâm patris stirpem. Semel arma induit, & obtinuit iuperium: eius persona nunquam amisit toto orbe illustrem famam. Dignitate fuit Imperator: opulentia obtinuit quidquid quatuor Maria intra est, in majorum templis sacrificabat, filios item ac nepotes conseruauit.

Vû Vâm jam senior suscepit imperium: deinde Cheu cum (prædicti frater) adimpleuit Vên & Vû (patris ac fratris.) virtutes. Posthumo ornauit Regulorum titulo proauum Tai Vâm, & auum Vâm Ki. Solemnius augustiusque sacrificabat defunctis majoribus iuxta Imperatorum ritus propagabantur ad Regulos & magnates, usque ad literatos, & plebæios homines. Si pater fuisset de magnatibus, & filius esset literatus, sepeliebat patrem vt magnatem, & sacrificabat vt literato. Si verò pater fuisset literatus, & filius esset de magnatibus, sacrificabat vt magnati. Vnius anni luctus pertingebat usque ad magnates: triennij verò luctus pertingebat usque ad Imperatorem. In hoc patris & matris triennali luctu, non alia nobilium, alia ignobilium, sed vna omnium ratio.

Confucius ait: Vû Vâm, & Cheu Cum, horum quàm propagata fuit obedientia! Hi tam obedientes principes præclare valuerunt prosequi majorum suorum voluntatem: præclare valuerunt enarrare majorum suorum illustria facinora.

Vere & autumno adornabant suorum auita templa; rectè disponebant eorum antiqua vasa: exponebant eorum togas & vestes: offerebantque illius temporis edulia.

Et quia erat majorum templi ritus, propterea obseruabatur ordo assistentium ad lævam, & assistentium ad dexteram: item obseruabatur ordo dignitatis, ac propterea distinctio fiebat nobilium, & ignobilium: præterea ordo tenebatur officiorum; quapropter & discrimen sapientiorum; cum deinde omnes se mutuo inuitarent ad vina, inferiores ministrabant majoribus: eaque propter solemnitas illa pertingebat alio modo etiam ad ignobiliores. Cum denique inter se consanguinei epularentur, canities excedebat; adeoque ratio dentium, id est ætatis habebatur.

Vû Vâm & Cheu Cum prosequebantur suorum majorum dignitatem: exercebant eorum ritus, canebant eorum muſicam : ea venerabantur, quæ coluerant : ea ama-bant , quæ dilexerant : ſeruiebant modò mortuis , ac ſi ſeruirent adhuc ſuperſtiti-bus: & hic erat obedientiæ apex.

Sacrificiorum cœli & terræ ritus erat id, quo celebrant ſupremum Imperatorem: & majorum aulæ ritus erat id, quo ſacrificabant ſuis majoribus. Qui clarè intellexe-rit hos Kiao Xé ritus, & rituum Ti Châm rationes ; adminiſtrabit regnum is eâ facili-tate, ac ſi reſpiceret ad palmam.

Xſgai Cum (Rex regni Lù) quæſiuit de regimine.

Confucius reſpondit. Vên & Vù Regimen ad extenſum exſtat in tabulis & can-nis. Similes viri, ſi exiſterent, mox ipſorum regimen reſurgeret : at ſimiles viri interierunt ; adeóque & eorum regimen interijt.

Hominum virtus expeditum reddit regimen : vti terræ virtus accelerat incre-menta plantarum : ejuſmodi regimen eſt inſtar fluuiatilium cannarum.

Enimverò recta gubernatio pendet ab hominibus: Rex deligat homines ad nor-mam perſonæ ſuæ. Excolitur autem perſona per regulam : perficitur regula per vniuerſalem amorem :

Amare hominis eſt : amare autem parentes , eſt præcipuum. Iuſtum eſſe , æqui-tatis eſt : colere autem ſapientes, eſt præcipuum. Hoc in amandis parentibus ac propinquis diſcrimen , & in colendis ſapientibus ordo , ab officiorum ratione qua-dam rectè commenſuratâ enaſcitur.

[Pro huius loci explanatione remittit interpres lectorem infra.]

Ideò perfectus Rex non poteſt non excolere ſuam Perſonam : nam meditans ex-colere ſuam perſonam, non poteſt non ſeruire parentibus : meditans ſeruire paren-tibus, non poteſt non cognoſcere homines: meditans cognoſcere homines, non po-teſt non cognoſcere cœlum.

Orbis vniverſales regulæ ſunt quinque : ea quibus exercentur illa tria : videlicet Regem inter & ſubditum : Patrem inter & filium : maritum inter & vxorem: fra-tres maiores natu inter & minores : & eius quæ amicos inter eſt ſocietatis regula. Hæ quinque ſunt Orbis generales viæ. At prudentia, amor vniuerſalis, & fortitudo: tria hæc ſunt orbis generales virtutes: id verò quo exercentur ipſæ , vnum quid eſt.

Siue quis naſcatur ſciens : ſiue diſcendo ſciat, ſive laborando ſciat : vbi penetra-runt ad ipſam ſcientiam, vnum quid eſt. Siue quis ſpontè quietéque operetur , ſiue ob lucrum operetur, ſiue violenter operetur, vbi pertigerunt ad ipſius complemen-tum operis, unum quid eſt.

Confucius ait : qui amat diſcere, appropinquat ad prudentiam : qui nititur operari, appropinquat ad amorem : qui nouit verecundari, appropinquat ad fortitudinem.

Si noſti hæc tria, iam noſti id quo excolitur perſona: ſi noſti id quo excolitur per-ſona ; jam noſti id quo regas homines : Si noſti id quo regas homines ; jam noſti id quo regas totius orbis regna.

Quicumque regunt orbis regna ; habent has nouem regulas, videlicet : ex co-lere ſe ipſos : colere ſapientes : amare parentes ac propinquos : honorare præſtan-tiores miniſtros : accommodare ſeſe cum reliquis miniſtris: filiorum inſtar amare po-pulum : accerſere plurimos artifices : benignè excipere è longinquo aduenas : deni-què fouere Regulos.

Si Rex excolat ſe ipſum; mox Regulæ illæ vigebunt. Si colat ſapientes ; iam non hæſitabit in negotiis : Si amat parentes; iam inter reliquos patruos, fratres ma-iores natu, & minores non erunt ſimultates: Si veneretur præcipuos miniſtros; iam non caligabit in regimine: Si ſeſe accommodet cum reliquis miniſtris; iam omnes præfecti reddent obſequia (ſua) impenſius : (ſi) filiorum inſtar amet populum, tum populus animabitur : (ſi) accerſat plurimos artifices, tum divitiarum ad vtendum affatim (erit: ſi) benignè excipiat è longinquo aduenas : mox quatuor terrarum, (po-puli ad ipſum) ſe conferent: (ſi) foueat Regulos, iam toto orbe formidabilis (erit.)

Abſtinentem (&) purum (eſſe) gravi cultuindui : illicita non attingere : ea

(ſunt)

(sunt) quibus (regia) excolitur persona. Repellere detractores : procul abesse à ve-
nereis : vilipendere opes; & magnipendere virtutem; ea (sunt,) quibus animantur sapientes. In pretio habere suorum dignitatem : augere eorum redditus : eadem (cum)
illis amare, (&) odisse : ea (sunt) quibus animantur (omnes ad) amandos parentes.
Habere praefectos inferiores (in) magno numero, (qui maioribus subordinati) ex
officio (minora quæque negotia) administrent; (est) id, quo animantur superioris
ordinis praefecti : suis fidere, (&) credere, amplaque (conferre) stipendia : ea (sunt,)
quibus animantur (Regij) ministri. Congruo tempore occupare (populum; &) moderari vectigalia: ea (sunt) quibus animatur populus. Quotidie exa minare, (&) quo-
uis mense per se explorare, (an operariorum) alimenta respondeant operi, (est) id,
quo animantur opifices : Prosequi abeuntes, (&) comiter excipere aduentantes, col-
laudando (aliorum) præclaras dotes, & miserando (aliorum) imbecillitatem; (est)
id, quo benignè tractantur è longinquo aduenæ. Perpetuare (Regulorum) inter-
euntes familias, (&) erigere (eorundem) collabentia Regna; moderando tumultus
(&) propulsando pericula : celebrare Regulorum comitia, (&) excipere (eorundem) legationes iuxta (statuta) tempora : laute tractare abeuntes, & moderari ad-
uentantium munera; ea (demum sunt,) quibus fouentur Reguli.

F, 18. p. 2. §. 1. Quicumque regunt orbis Regna, habent (prædictas) nouem regulas: id (vero) quo exercent illas, vnum (est.) (si) omnes res (&) actiones (quæ spe-
ctant ad prædictas regulas) præcogitentur; hoc ipso solide subsistent : (si verò) non
præmeditatæ fuerint; hoc ipso incassum abibunt. (sic si) verba prius determinaueris;
hoc ipso non cespitabis : (si) res agendas prius statueris, eo ipso (deinde) non ange-
ris : (si) opus (ipsum) prædeterminaueris, hoc ipso (deinde) non (te) pigebit. (Si itaque) regula (rectæ rationis) prius fixa firmaque (fuerit;) tum indeficiens (tibi eius
vsus erit.)

(Si) constituti (in) inferiori dignitate non obtinent gratiam apud superiores; populus nequit fieri vt regatur. (Ad) obtinendam (autem) gratiam apud superiores datur regula : (si) non seruent fidem cum amicis; nec obtinebunt gratiam apud superiores. (Ad) seruandam fidem cum amicis datur regula : (si) non sint obsecundantes
erga parentes, nec seruabunt fidem cum amicis. (Vt sint) obsecundantes erga parentes, datur regula : (si) reflectentes ad suammet personam, (competerint) se non
sinceros (esse;) nec (erunt) obsecundantes erga parentes. (Ad) sincere perficiendam
suammet personam (seu se ipsos) datur regula : nisi exploratam habeant rationem
boni; nec syncere perficient suammet personam.

Verà solidaque perfectione dotatum esse, cœlestis (quædam est) ratio : (ad hanc)
veram solidamque perfectionem contendere, humana (quædam est) ratio. Verà
solidaque perfectione dotatus non (sibi) vim infert, & tamen attingit finem : non
operose discurrit; & tamen assequitur: cum tranquillitate (&) facilitate attingit virtutem : (atque hoc) sanctorum (est) qui ad veram solidamque perfectionem contendit, seligit bonum, & fortiter manu tenet.

(Et hic) quidem) multa perdiscit : (præmature) discurrit quærenda: attente medita-
tur : (res inter se) clare distinguit : solide (ac) constanter operatur.

Sunt qui nolunt discere (quia) discendo non proficiunt; ne (tamen) desistant : sunt
qui nolunt interrogare, (quia) interrogantes non capiunt (responsa;) ne (tamen) desistant : sunt qui nolunt meditari; (quia) quod meditantur, non (facile) assequuntur;
ne (tamen) desistant : sunt qui nolunt argumentari, (quia) argumentando non clare
percipiunt; ne tamen desistant : sunt qui nolunt operari, (quia in) operando non
(sunt) solidi (&) constantes; ne (tamen) desistant : (nam quod) alij vnicâ vice assequi
potuere; (tu ipse (saltem) centesimâ (poteris : quod) alij decimâ vice assequi potue-
runt; (tu) ipse (saltem) millesimâ (poteris.)

Reuera (qui) seruare valet hanc regulam; quamuis rudis (sit) tandem (erit) clare
intelligens; quamuis imbecillis (sit) tandem fortis (euadet.)

Se ipso vere solideque perfectum (esse, simulque rerum omnium) intelligentem;

IV. P.   B dicitur natura, (seu, natiua virtus) se ipsum (prius) illuminare reddereque intelligentem, (ac deinde in) vera (virtute seu) perfectione solidare; dicitur institutio. (Qui) natiua perfectione dotatus (est,) eo ipso intelligens (est: qui autem prius) rerum intelligentiam (sibi comparauit;) poterit deinde perfectus (euadere.)

Solum (in) vniuerso (hoc) summe perfectus potest exhaurire suam naturam. (Si) potest exhaurire suam naturam; iam poterit exhaurire (aliorum etiam) hominum naturam: (si) potest exhaurire hominum naturam; iam poterit exhaurire rerum naturas: (si) potest exhaurire rerum naturas; iam poterit adiuuare cœlum (&) terram (in) productione (&) conseruatione (rerum: si) potest adiuuare cœlum (&) terram (in) productione (&) conseruatione (rerum;) iam (etiam) poterit cum cœlo (&) terra ternarium principium (constituere.)

Ab his (primi ordinis perfectis viris) secundi (sunt, qui) mittuntur restaurare nondum extinctam natiuæ bonitatis particulam, poterunt obtinere solidam perfectionem: vbi assecuti (fuerint) solidam perfectionem, mox (illa) sese prodet: (vbi) sese prodiderit, mox illucescet: vbi illuxerit, mox lucis radios late diffundet: (vbi ita) irradiauerit, eo ipso motum faciet (animorum: vbi) motum fecerit; iam (motum) mutationem inducet: (vbi) mutationem induxerit, eo ipso conuersionem efficiet. solum (in hoc) vniuerso summe perfectus efficere potest conuersionem (huiusmodi.)

Summe perfecti virtus (ea est, vt) possit præscire (futura.) Cum Regia familia proxime (est) erigenda; proculdubio (passim) dantur fausta prognostica: (cum) regiæ familiæ imminet occasus; proculdubio (passim) dantur infausta prognostica: (quæ &) manifestantur (in herba) XI (dicta &) testudine; (&) præuio motu percellunt corpus (humanum. At summe perfectus, cùm calamitas, (aut) felicitas proxime instat; (in) probis proculdubio prænoscit istam, id est, felicitatem: in.) improbis proculdubio prænoscit illam, (id est, calamitatem) ideo summe perfectus (est) instar spiritus.

(Eiusmodi) vera solidaque perfectio (est) sui ipsius perfectio: & regula (est) sui ipsius regula.

(Hæc) vera solidaque ratio (seu perfectio, est) rerum (omnium) finis (&) principium. (Si) desit (rebus hæc) vera solidaque ratio, (seu perfectio,) non erunt res. Hac de causa sapiens, (&) probus vir veram (hanc) solidamq; perfectionem æstimat maximi.

Vere perfectus (quia) non ipse perficit sese (solum) & (hic) sistit, proptereà perficit (etiam) res (alias.) Perficere seipsum, amoris (est:) perficere res, prudentiæ (est. Et hæ quidem) natiuæ virtutes (sunt: has autem) vnire applicando externis (&) internis; regula (est:) adeoque suis temporibus exercere, conuenientiæ (est.)

Propterea summe perfectus nunquam cessat.

(Si) nunquam cessat; ergo perdurat: (si) perdurat; ergo per effectus se prodit.

(Si) per effectus se prodit; ergo late longeque diffunditur: (si) late longeque diffunditur; ergo amplius (&) profundus: (si) amplius (&) profundus; ergo sublimis (&) clarus.

(Quia) amplius (&) profundus; ideo sustentat res: (quia) sublimis (&) clarus; ideo protegit res: (quia) late diffusus (&) perdurans; ideo perficit res.

Amplitudine (&) profunditate, æquiparatur terræ. Sublimitate, (&) claritate, æquiparatur cœlo: latitudine, (&) duratione, absque termino (est.)

Cùm sit talis (ac) tantus; non (prius) exhibet sese (atque ostentat,) ac tum deinde manifestus fit: non (prius) motum, ac tum deinde conuersionem efficit: non (prius) operoso quodam virium molimine quidpiam) facit, ac tum deinde perficit.

Cœli terræque ratio potest vnius verbo: exhauriri: (& hæc (quidem) in efficiendis rebus non (est quid) duplex, (sed vnicum quid est simplex:) adeoque huius (eiusdem in) procreandis rebus (virtus est) inscrutabilis.

(Hæc itaque) cœli (&) terræ ratio lata (est, &) profunda, sublimis (&) clara, late diffusa (&) perdurans.

Iam hoc cœlum (est) hæc lucis (&) fulgoris tantilla portio: (at) veniendo ad eius (totius molis) interminabilem (amplitudinem;) sol, luna, stellæ, signaque cœlestia (in eo) suspensa continentur; vniuersæ (item) res (ab eo) teguntur: iam (tantilla) hæc tertæ (portio, quam calcamus, cum totâ eius mole collata, vixdum) vnius pugilli terrei(est) quantitas: (at) veniendo ad (totius) eius (molis) vastitatem (&) profunditatem; sustentat montem HEA YO (dictum,) & tamen non grauatur: complectitur sinu flumina, (&) maria, & tamen non mundatur; omnium (est illa) rerum sustentaculum. Iam hic (vnus) mons vnius (item) frusti lapidei tantillum (quid est: at) veniendo ad eius (totius molis) latitudinem (& magnitudinem; plantæ, (&) arbores (ibi) nascuntur; volucres, (&) feræ (ibi) commorantur: metalla (item) lapidesque pretiosi (in eius) visceribus latentes in lucem prodeunt. Iam hæc aqua vnius (item) cochlearis tantilla (est) proportio: (at) veniendo ad (totius) eius (molis) inexhaustam abyssum; cete grandia, crocodili, serpentes, dracones, pisces, testudines, (in ea) procreantur: opes (denique ac) diuitiæ (ex ea) enascuntur.

Oda ait: solius cœli virtus proh quàm altè recondita! nunquam cessat: quasi diceret: (inquit çu Su) cœlum ideo est cœlum. Quomodo (prosequitur Oda) non (vbique) manifesta Ven Regis virtutum puritas? quasi diceret: (addit çu Su.) Ven Rex ideo fuit Ven, (talis scilicet ac tantus vir, cuius) puritas quoque nunquam defecit.

(O quàm) magna Sancti viri lex (&) virtus!

(O quam in) immensum diffusa! producit, conseruatque omnia: (adeo) eminens, (vt) pertingat ad cœlum.

O abundantiam (eius) maximam! rituum (maiorum, &) officiorum trecenta (capita; &) rituum (minorum,) officiorumque ter mille (capita, magna & parua omnia complectitur.)

Expectandus hic vir (est:) tum demum (hæc omnia poterunt) opere perfici.

Ideo dici solet: si non (existat) summa virtus; summa lex nequaquam coalescet.

Hinc virtutis studiosus summopere colit (& conseruare studet) rationalem naturam (suam) adeoque ad rectæ rationis regulam (omnia accurate) explorans, (seseque) instituens, implet (mentis suæ) capacitatem (&) amplitudinem; atque exhaurit (ac perspicit etiam) subtilissima (&) minutissima (quæque. Præterea perficit &) ad apicem perducit (natiuam eiusdem mentis suæ) sublimitatem (&) claritatem, & quidem (omnia agendo iuxta regulam medij, recolit vetera, & studet scire noua. Denique stabilit &) corroborat ante parta, vt augeat (& perficiat,) quod fas (&) æquum (est.)

Hac de causa consistens (in) superiori (loco) non insolescit: consistens (in) inferiori (loco) non (est) refractarius. (Si in) regno vigeant virtus (ac) leges; eius sermo sufficit, vt (etiam nolens) promoueatur (ad dignitatem.) Si regnum sine virtute (ac) legibus (sit;) eius silentium sufficit, vt inperturbatus sibi vacet. Oda ait: quia rectè intelligens (erat) ac rerum prudens indagator (loquitur de quodam sapiente Chum-Xan-fu dicto.) idcirco illæsam conseruauit suam personam. Hoc illud est, (addit çu Su) quod hic supra diximus.

Confucius ait: (si quis) rudis (est;) & tamen vult suo (vnius) iudicio vti: (si quis) è vili plebe (est,) & tamen vult sibi arrogare quæ non sunt sui iuris (&) fori: (si) natus in præsenti sæculo, (tamen) conuertat se (ad) priscorum (iam antiquitates) leges; qui talia agunt; calamitates obuenient ipsorum personis.

Nisi (fuerit) Imperator, nemo instituat vrbanitatis officia; nec inducat (nouos) curiæ vsus; nec mutet quidquam rei literariæ.

Moderni Imperij currus eosdem (ducunt) sulcos, (quos olim:) libri eandem (seruant) methodum, (quam olim:) minorum (quoque) eadem ratio (est.)

Tametsi (quis) habeat eorum (priscorum scilicet Regum) dignitatem: si (tamen) careat eorum virtute; ne ausit instituere ritus (&) musicam: tametsi (quis) habeat eorum virtutem: si (tamen) careat eorum dignitate, item nec ausit instituere ritus (&) musicam.

Confucius dicebat: ego (cum voluptate) refero (familiæ Imperatoriæ) HIA ritus: (at exigui Regni) Ki (aut Ri) non (sum horum) sufficiens testimonium: ego didici

IV. P.   B ij

(familiæ Imperatoris) YN ritus; (&) funt (regni) SVM (pofteri, apud quos horum adhuc) extant monumenta. Ego (item) ftudui (huius familiæ Imperatoriæ) CHEV ritibus (& hi) nunc in vfu fûnt: ego (igitur) fequar (huius) CHEV (ritus.)

(Ad) gubernandum Imperia funt (illa) tria maximi momenti : (&) illa (ratiora faciunt, feu) minuunt peccata.

Superiorum temporum Reges quamuis probe ftatuerint leges, (tamen) carent teftimonio : (& cum) defit teftimonium ; non datur fides: (fi) non datur fides; populus non fequitur. (Vir Sanctus) in inferiori (feu priuato) conftitutus, tametfi vrbanitatis officia colat; (eft tamen priuatus ac) fine dignitate : (& cum) fine dignitate (fit ei) non datur fides : (ac denique quia) fine fide (& authoritate eft,) populus (ipfum) non fequitur.

Ideo perfecti Regis recta gubernandi ratio fundatur in fuâ ipfius perfonâ, teftatam faciendo (virtutem fuam) vniuerfo populo. Explorat (exigitque regimen fuum) ad (normam) trium (prifcorum) Regum, & non aberrat : (infert & combinat) res à fe geftas cum cœli terræque (lege ;) & (huic) non aduerfantur. Teftatam facit ipfis (adeo) fpiritibus (quantumuis reconditis virtutem fuam,) & nihil dubitat. (Imo etiam poft) centum fæcula expectato fancto, (quin teftata futura fit,) nihil ambigit.

(Quod) teftatam fore fpiritibus non dubitet (inde eft, quia) nouit cœlum ; (quod poft) centum (etiam) fæcula expectato Sancto (eandem teftatam fore) nihil (item) ambigat; (inde eft, quia) nouit hominem.

Hâc de causâ perfectus Rex (fi quidpiam) aggreditur ; iam (hoc ipfum omnibus) fæculis effe poteft orbis principium : (fi quidpiam) agit ; iam (hoc omnibus) fæculis effe poteft orbis lex : (fi quid) loquitur ; iam (id omnibus) fæculis effe poteft orbis norma. (Denique talis eft, vt) procul abfentes iam (ad ipfum) anhelent : (qui verò) propiores (funt ;) iam nullo (ipfius) tœdio afficiantur.

Carmen ait : (fi) exiftat illic, nullus (eum) aduerfatur. (Si) exiftat ifthic, nulli tœdio eft , quafi diu, noctuque, & in perpetuum depræducabitur. Perfectus Rex (addit çu Su) nullus dum fuit, (qui) non hoc modo, & (quàm) citiffime obtinuerit laudem (&) famam per vniuerfum orbem.

Confucius (inquit ç v s v) eminus, honorifice commemorabat YAO (&) XVN (prifcos Reges :) cominus (verò) fequebatur VEN (&) VV (modernos Reges.) Supra, imitabatur cœli tempora : infra, conformabat fe aquæ (&) terræ.

Quemadmodum cœlum (&) terra, (hæc quidem) nihil non continet (&) fuftentat ; (illud verò) nihil non tegit (&) ambit. Quemadmodum (item) quatuor tempora fucceffiue procedunt : quemadmodum fol (&) luna alternatim illuminant. (Sic cum quâdam proportione Confucius.)

Vniuerfæ res vnâ procreantur , & non fibi mutuo nocent : (quatuor temporum, folis item ac lunæ) fucceffiui motus æquabiliter procedunt, & non fibi mutuo contrariantur tenues (ac) limitatæ, (quæ rebus inditæ funt,) virtutes, (ceu) fluenti (cuiufdam) emanationes (funt, illa autem) magna (&) illimitata virtus effectrix (&) corroboratrix (emanantium) procreationum (eft) iftud (eft) cœlum (&) terra propter quod funt magna.

Solum (in) toto orbe fumme perfectus (&) fanctus eft qui queat (omnia) percipere, clare intelligere, penetrare, (&) comprehendere ; (adeoque) fufficiens eft, vt habeat regimen. (Eius animi) magnitudo, liberalitas, affabilitas, (ac) benignitas, fufficiunt, vt habeant capacitatem, (quâ admittat &) complectatur (vniuerfos. Eius) activitas, animi celfitudo, robor, (&) conftantia, fufficiunt, vt (omnia) maneteneat (eius pura illa) fimplicitas, ferietas, æquabilitas, rectitudo fufficiunt, vt obtineat honorem, (&) venerationem. (Multiplices animi dotes ac) ornamenta, (eorumque mirabilis illa) temperies, (qua omnia in pondere & menfura moderatur) minimarum (etiam) rerum exacta inveftigatio (ac) difcuffio, fufficiunt, vt habeat quo (citra errorem omnia) difcernat.

(Est etiam) amplus, diffusus, profundus, (rerumque omnium) fons (&) origo: adeoque (suis) temporibus (sese) prodit exeritque.

Amplus, (&) diffusus, velut cœlum: placidus (&) profundus, velut aquarum abyssus; (si) foras se prodat, iam è populo nullus (erit, qui eum) non veneretur: (si) loquatur, iam è populo nullus (erit, qui ei) non det fidem (si quid) agat; iam è populo nullus (erit qui ei) non gratulabundus applaudat.

Summè beneuolus (ac) beneficus (est) eius amor: placidissima (ac) profundissima eius (perfectionum) abyssus: latissimè patens eius cœlum.

Si quis (concludit cu-su) non (sit) reuerà perspicax, clare intelligens, Sanctus, prudens, (&) altè penetrans cœli virtutes: hunc (modo dictum Sanctum) ecquis (alius poterit cognoscere?

Oda ait: indutus vestem diuitem (ac) variegatam, (si) superinduat vulgarem penulam; (is scilicet) odit eiusmodi ornatus ostentationem (ac) splendorem. Ideo (ait cu-su) perfecti viri virtus occulit sese (illa quidem;) sed in dies (vltrò) manifestatur: improbi (verò fucata) virtus (quia solum) specie-tenus (est talis;) proinde in dies (magis ac magis) euanescit. Perfecti viri virtus insipida (videtur;) & tamen (multum) habet venustatis: rudis informisque (videtur;) & tamen (intus) perpolita (est. Itaque si vir eiusmodi perfectus) nouerit (eorum, quæ) longe (absunt) proximum principum: nouerit (item) morum motuumque originem: nouerit (denique) subtilium (&) arcanorum manifestationem: poterit (deinde) hoc modo (paulatim) gradum facere (ad) virtutem (Sanctorum.)

Oda ait: penitus abdita licet delitescant (vitium & virtus;) tamen (vel sic) omnino in lucem prodibunt. Ideo (exponit cu-su) vir perfectus cordis intima discutiens, (si) nihil morbidi (deprehendat; non (est cuius eum) pudeat in corde (suo. Nimirum) perfectus (ad) quod non potest, (nisi difficulter,) peruenire; (nonne) hoc ipsum solum (est,) homines (passim) quod non vident?

Oda ait: vide (ac) circumspice (cum) solus degis (in) tua domo: insuper ne agas, (de quo possis) erubescere in (tuæ) domus recessu. Ideo (ait cu-su) vir perfectus non aggreditur (negotium) & (tum primum) attendere sibi (incipit:) non profert sermonem, & (tunc primum de) verborum veracitate (cogitat. Sed semper, & in omnibus est vigilans.)

Oda ait: (Archimystes) ingrediens (templum) mouet (&) inuitat (spiritus, & quamuis) non indicat (silentium; tamen) tempore sacrificij nulla est (populi) contentio (aut) murmur. Eodem modo (ait cu-su) Rex perfectus, (quamuis) non largiatur (multa;) tamen populus excitatur (ad præstandum quod sui muneris est: quamuis non irascatur, tamen populus (eum) pertimescit præ falcibus (&) securibus.

Oda ait: (si) non apparens (ac velut) solitaria (sit Regis) virtus; centum Reguli illam studiosè æmulantur. Hac de causa (inquit cu-su) si Rex perfectus (virtutem) solidè colat: iam orbis vniuersus pace perfruetur.

Oda ait: ego complector & amo (inducitur XAMTI Supremus cœli Imperator loquens) Regis Ven-Vam claram virtutem, (quæ) non magnopere personabat, vt exterius perciperetur, (& appareret.) Confucius ait: Sonitus verborum, (&) splendor exterior, in ordine ad conuertendum populum (sunt quid) posterius. Oda ait: virtus (hæc est) quid subtile (&) leue instar pili. Imo verò (subjicit cu-su) pilus adhuc habet, (quod cum eo) comparetur: (adeoque magis rem declarat carmen aliud, quo (dicitur:) supremi cœli res, nec sonum, nec odorem (habet: sed) summum (quid est, & omnia transcendens.)

IV. P.

CONFVCII VITA.

Vm-Fù-çù ſiue Confucius, quem Sinenſes vti Principem Philoſophiæ ſuæ ſequuntur, & colunt, vulgari vel domeſtico potius nomine Kieu dictus, cognomento Chum-nhi; natalem habuit ſedem in Regno Lù, quod Regnum in Prouinciam deinde, quæ hodie Xantum dicitur, redactum fuit in pago çeu-ye territorij Cham-pim, quod ad ciuitatem Kio-feu pertinet; hæc autem ciuitas patet vrbi Yen-cheu dictæ. Natus eſt anno 21. Imperatoris Lim-vam fuit hic tertius & vigeſimus è familiâ, ſeu domo Imperatoria, Cheu dictâ, anni nomen Kem-ſio; ſecundo, item & vigeſimo anno Siam-cum Regis, qui eâ tempeſtate Regnum Lù obtinebat, die 13. vndecimæ lunæ Kem-çu dictæ, ſub horam noctis ſecundam, anno ante Chriſti ortum 551. mater ei fuit Chim, è familia prænobili Yen oriunda; pater Xo Leam-he, qui non ſolum primi ordinis magiſtratu quem geſſit in Regno Sùm, ſed generis quoque nobilitate fuit illuſtris; ſtirpem quippe duxit (vti chronica Sinenſium teſtantur, & tabula genealogica quæ prolegomenis ad annales Sinicos inſeritur, perſpicue docet) ex vigeſimo-ſeptimo, ſiue penultimo Imperatore Tie-ye dicto. Porro natus eſt Confucius patri iam ſeptuagenario, quem adeo triennis infans mox amiſit; ſed mater pupillo deinde ſuperſtes fuit per annos vnum & viginti; coniuge in monte Tum-ſam Regni Lù ſepulto. Puer iam ſexennis præmatura quadam maturitate, viro, quam puero ſimilior, cum æqualibus nunquam viſus eſt luſitare. Oblata edulia non ante delibabat, quam priſco ritu, qui çu-teù nuncupatur, cœlo venerabundus obtuliſſet. Annorum quindecim adoleſcens totum ſe dedere cœpit priſcorum libris euoluendis, & reiectis iis, quæ minus vtilia videbantur, optima quæque documenta ſelegit, primum expreſſurus ea ſuis ipſe moribus, deinde aliis quoque ad imitandum propoſiturus. Non multo poſt vna cum Mein-y-çu & Nam-cùm Kim-xo ad ritus ciuiles addiſcendos ſe contulit. Decimo-nono aut vt alij, 20. ætatis anno duxit vxorem, quæ vnica illi fuit Kieu-quon-xi ex qua, ſequenti mox anno ſuſcepit filium Pe-yu; ſed hoc deinde iam quinquagenario, cum ipſe 66. annos natus eſſet, orbatus eſt, vxore tribus ante annis amiſsâ: Haudquaquam tamen cum filio ſtirps omnis extincta eſt, ſed per nepotem çù-sù, qui auitæ laudis, ac Philoſophiæ ſtudioſus aui ſui libros commentatus eſt, & magnis in Imperio muneribus perfunctus, perpetua poſterorum ſerie cum non vulgari tam opulentiâ, quam dignitate ad hæc vſque tempora propagata eſt, nulli fortaſſe familiarum, quas vel in Africâ, vel in Europa nobilitatis antiquitas commendat, poſtponenda. Sic quidem affirmare non dubitauit P. Ioannes Adamus Schall, Soc. Ieſu Sacerdos, vir Sinicarum rerum peritus in primis, cum forte is, qui hac ætate Philoſophi nomen, ac ſtirpem tuetur, eum Pekini viſendi gratiâ, nec ſine muneribus qui mos eſt gentis adiuiſſet: quod ſi meminerimus primam Confucianæ ſtirpis originem ab antiquiſſimis peti Sinicæ gentis Imperatoribus Chimtam-yu-hoam-ti; hunc autem iam ante annos 4. mille & amplius Sinis imperaſſe, nullus vtique de tantâ nobilitate dubitandi locus nobis erit, ſi modo Sinarum chronicis fidem mereri dare placuerit. Variis in locis magiſtratum geſſit. Philoſophus magna cum laude: curas vero huiuſmodi ac dignitates non alio fere ſtudio admittebat, quam publicæ vtilitatis, ſpe propagandæ doctrinæ ſuæ: qua quidem ſpe ſi forte falli ſe videret, vltro ſcilicet magiſtratu ſe ſe abdicabat. Huius rei cum

alias fæpe, tum vero 55. ætatis suæ anno illustre testimonium dedit; cum enim in
regno Lù Mandarinum ageret (loquor hic more Lusitanorum à quibus in hoc
Oriente Mandarini vocantur, qui publicas res inter Sinas administrant) tanta le-
gum obseruatio, rerumque, & morum tam felix conuersio trimestri spatio mox con-
secuta est, vt iam vicini Reges, æmulique inuidiâ, metuque aliquo tenerentur,
haud ignari, Respublicas non aliâ re felicius conseruari, & crescere, quàm disci-
plina, legumque obseruatione : finitimi ergo Regni quod çi dicebatur Rex atque
optimates tam præclaræ æmulorum gubernationi structuri insidias, donis eas, vt sit
tegunt : puellas formâ, canendi gratiâ, aliisque dotibus præstantes dono mittunt
Regni Lù Regi. Rex ignarus insidiarum dolosum munus admittit, capitur illico
muliercularum gratiâ, capiuntur & proceres, sic prorsus, vt ad trimestre totum
dum nouis illis deliciis indulgeretur, negotia cessarint publica, & Regis adeundi
via præclusa fuerit : non tulit hoc Confucius : Renunciat muneri, relinquit aulam,
atque ad Regna çi-quei & çu spontaneus exul contendit : verum nec hi bono quod
aliis inuiderant, frui nouerunt : non admittitur Philosophus, qui à Deo coactus pe-
tere Regnum Chin, hic ad extremam victus quóque penuriam redigitur : nec multo post dum regnum Sum peragrat, à quodam Huon-tui præpotenti viro, sed insigni-
ter improbo non semel ad mortem conquisitus est : ipse interim tot ærumnas inter,
atque discrimina sui semper similis, inuicto semper animo, & pro causa tam bona,
vitam quoque ponere paratus : quamquam fretus ipse recte factorum conscientiâ,
præsidioque cœlesti, rursum negabat, quemquam sibi nocere posse, siquidem esset
ea virtute instructus, quâ ipsi cœlo inniteretur. Ardens, atque indefessum studium
diuulgandæ per totum Imperium sanioris doctrinæ ad extremum vsque spiritum
non remisit ; cumque viri ardor patriis finibus ægre contineretur, non semel de nauigando mari, terrisque remotioribus adeundis cogitauit. Discipulos numerauit
3000. ex his omnino quingentos extitisse memorant, qui variis in Regnis Magistra-
tus gesserint : qui præ cæteris autem virtute litterisque eminerent, duos & septuaginta fuisse, quorum adeo nomina, cognomenta, & qua quisque patriâ sit oriundus,
memoriæ prodidit. Quatuor doctrinæ suæ, ceu gradus, totidemque discipulorum
ordines, constituebat. Supremus ordo in excolendo virtutibus animo ponebat
studium ; & in hoc quidem ordine primas ferebant Min çù Kieù Gèn Pè Nieu Chum
Cum, ac denique Yen Yuen charus præ omnibus magistro discipulus, cuius immatu-
rum funus (obiit quippe primo & trigesimo ætatis anno) continenter lugebat. Pro-
ximus ordo ratiocinandi, dicendique facultati dabat operam ; huius Principes erant
çài-ngò, & çù-cum. Tertius agebat de regimine politico & probe gerendis muneribus publicis ; excellebant hic Gèn-yeù, & Ki-lù. Quarti denique & postremi ordinis labor, atque occupatio hæc erat, vt quæ ad mores spectabant apto, venustoque
stylo declararent, quod duo çù-yeé, & çù-hia præcipua cum laude præstabant. Atque hi quidem inter duos & septuaginta, decem erant solertiores discipuli, & flos
scholæ Confucianæ. Omne studium, ac doctrina Philosophi eo collimabat in primis, vt naturam ignorantiæ tenebris offusam, vitiisque deprauatam reuocaret ad
pristinam lucem atque integritatem cum quâ è cœlo conditam descendisse asserebat :
Ex quo deinde clemens, & æqua rerum administratio, adeoque felix, & maximè pa-
catus Imperij status consequeretur ; quò autem certius attingeretur hic scopus, vole-
bat omnes Kim tien ngai gin ; Kè Ki, obsequi cœlo, ipsumque timere, & colere ;
amare proximum sicut seipsum, vincere se, atque appetitus suos subdere rationi,
nec quidpiam agere, dicere, vel etiam cogitare, quod ab hac esset alienum. Porro
quæ scripto verboque præcipiebat, primus ipse moribus exprimebat, ac vita, cuius
rei testimonium satis luculentum præbere potest tantus tot illustrium virorum numerus, qui in disciplinam eius se contulerunt, & quæcumque gessit, dixitque,
quamuis minutissima, posteritati prodidere : ad hæc constans ille fauor tot Principum, tantus tot sæculorum honor (de quo mox agemus) argumento esse potest,
virtutem sane fuisse Philosopho, non meram speciem fucumque virtutis. Quid? quod

noftris temporibus haud defuerint è Ltteratorum ordine, qui vel amplexi iam religionem Chriftianam, vel huius integritate fanctitateque probe faltem perfpecta, non dubitanter affirmant, fperari poffe Philofophum fuum, fiquidem vixiffet ætate noftra, primum fuiffe futurum qui ad Chrifti legem tranfiffet. Certè quemadmodum fectatores eius tradunt, mira quædam fuit viri grauitas, & corporis animique moderatio, fides, æquitas, lenitas fingularis. Seuerus erat ac peruigil fui ipfius obferuator, ac cenfor: contemptor opum, honorumque, hoc agens vnum ftudio prorfus indefeffo, vt doctrinam fuam quam plurimis mortalium impertiret. Quod autem in eo vel maximè fufpicimus Europæi, & in noftratibus quidem prifcæ ætatis Philofophis defideramus, tanta fuit animi demiffione Confucius, vt non folum de fe fuifque rebus admodum modeftè loqueretur, fed vltro quoque & palam argueret fefe, quod nec in difcendo (vt aiebat) effet impiger, nec conftans in docendo, neque eâ quâ par erat vigilantiâ vitiorum fuorum emendationi, & ftudio virtutum exercitioque operam daret. Certiffimum vero argumentum modefti, fincerique animi tum dedit, cum palam ingenueque profeffus eft doctrinam fuam non effe fuam, fed prifcorum, in primis Yao, & Xum Regum, qui ipfum mille quingentis, eoque amplius annis antecefferant. Cum itaque non deeffent, qui cum fapientia natum effe opinarentur, adeoque & prædicarent, peragre id ferebat, & diferte negabat, ad gradum perfectæ confummatæque virtutis, aut fanctitatis peruenire fe poffe. Dicere identidem folitus (vt à quibufdam Sinenfium traditur) virum fanctum in occidente exiftere Si-fam Ven-Xim-gin, quod ipfe de quo, quoue fpiritu pronunciarit, incertum eft. Hoc certum anno poft Chriftum natum 66. Imperatorem Mim-ti (fuit è familiâ Han decimus-feptimus) motum verbis Philofophi, magis etiam oblata fibi per fomnum fpecie fancti ex occidente Herois. Cum ipfimet ire non effet integrum, mififfe çai-cim, & çiu-kim legatos fuo nomine Occafum verfus, inibi veram legem, & fanctitatem quæfituros; qui quidem cum ad infulam quandam appuliffent, quæ non procul diftabat à Rubro mari, non aufi longius procedere, idolum quoddam; & monftrum hominis Fè dictum (qui quingentis circiter annis ante Confucium in India floruerat) nec-non execrabilem ipfius legem in hoc Imperium & vicina circum regna retulerunt: felices, æternumque de patriâ fuâ bene merituri, fi pro hac pefte falutarem Chrifti doctrinam, quam per eadem tempora Thomas Apoftolus apud Indos propagabat, reportaffent. Sedenim felicitas humana, & quæ hinc nafcebatur fuperbia gentis opulentæ, potentis, & florentiffimæ, veræ felicitati, tunc, vt opinor, aditum obftruxit. Sinenfes ergo cum idola iam magis magifque venerarentur, nec fine exemplo quorundam regum qui prorfus impensè nouam fuperftitionem fectati funt, paulatim fcilicet difcefferunt à genuina Magiftri fui doctrina, & præclaris inftitutis prifcorum; ac tandem in contemptum Religionis omnis, verumque Atheifmum funt prolapfi: in hunc porro litteratos & acutiores quofque ceu manuduxit doctrina illius ipfius Fe, qui rudi vulgo idolatriæ magifter extitit: duplicem quippe perditiffimus impoftor ifte atque Atheorum Princeps doctrinam reliquit; alteram, qua rerum omnium principium finemque nihil effe docet, quam qui fectantur Athei funt & arcanam atque interiorem vocant; alteram quæ exterior dicitur, atque illius adumbratio quædam eft, ad vulgi & rudiorum ferè captum & fuperftitionem accommodata. De Confucio tamen dubitari non poteft quin ab hac, & illa pefte immunis fuerit; idolorum certè cultorem fuiffe ne illi quidem, qui vitio temporis idola iam venerantur affirmare aufint; ab Atheifmo vero quàm fuerit alienus, non ipfe tantum, fed prifca Sinarum ætas omnis in explanatione lib. Chumyum declaramus. Migrauit è vita Confucius anno ætatis 73. Iuna 4. Ki-cheu vulgo dicta; anni Cui-gin-fio nomen, è fexagenario Sinenfis æræ cyclo, & quafi aureo gentis numero petitum. Erat hic annus primus & quadragefimus Imperij Kim-vam, vigefimi-quinti è familia Cheu Imperatoris: quo etiam tempore regulus Ngai-cum patrium Philofophi Regnum Lù dictum, annum iam 16. tum moderabatur. Paulo ante quàm morbo, qui fupremus ei fuit, corriperetur, lugens

suorum

fuorum temporum perturbatione hunc verfum cygnæâ voce concinere auditus eft : Prægrandis mons (doctrinam fuam intelligebat) quo decidifti! trabalis machina euerfa eft: fapientes, & fancti exaruere. Mox inde languere incipiens, feptimo die ante mortem, ad difcipulos fuos conuerfus: fuperiori nocte, inquit, per fomnium vifa mihi funt in aulâ iufta fieri. Reges quæ doceo, non obferuant. Ecquis horum per Imperium noftrum inftituti mei fectator & cultor eft? hoc vnum fupereft vt moriar. Hæc effatus lethargo corripitur, & cùm totos feptem dies dormientis inftar perftitiffet, tandem viuere defiit. Sepultus eft in Lù patrio Regno (domum quippefe cum difcipulis fuis contulerat) prope ciuitatem Kio-feu, ad ripam fluminis, Sic, in ipfa Academiâ fuâ, in qua docere confueuerat, quæ hodie quidem muris, veluti ciuitas, cincta cernitur; luxerunt inibi Magiftrum fuum difcipuli habitu lugubri, multaqu- cum inediâ, & lachrymis non fecus ac filij parentem; idque per annum totum; nec defuerunt qui ad annos omnino tres, perftiterunt, çu-cum vero fex ipfos annos, in eodem loco, luctuque perftirit. Fuit admodum procero corpore Philofophus, & fi fas eft Sinis credere, giganteo; fed cui tamen lati humeri, pectufque amplum decorem conciliabant, ac majeftatem: in ipfo vertice capitis grandiufculus ei tuber erat, quare à Patre fuo Kieu, id eft, colliculus, cuius fpeciem aliquam præbebat tuber, nominatus eft, quo ipfo nomine vir modeftus identidem quoque vtebatur. Facies ei lata, fubfufcus oris color, oculi nigri, ac prægrandes, capillus niger, barba promiffa, nafus fimus, vox grauis, ac tonitrui inftar, vt Sinæ tradunt.

Porrò, quantum honoris per annos bis mille. eoque amplius detulerit Magiftro fuo, eiufque lucubrationibus, & virtuti grata Sinarum pofteritas, pro me loquantur quotquot Imperio toto ad dignitates, & munia publica præfidio literarum funt euecti: qui omnes vtique fatentur à Confucij in primis fcholâ, & libris è quibus ad gradum examinantur; opes, honores & illuftre fibi nomen obuenifle. Loquantur item fingulis in oppidis, vrbibufque erectæ viro, ac dicatæ aulæ ante quaruni fores quotiefcumque tranfeunt qui è literatorum ordine publicos gerunt magiftratus, protinus è fublimi auguftaque fella, in qua more gentis geftantur, venerabundi defcendunt, & paffus aliquot pedites viam fuam profequuntur. Loquantur denique tituli fane honorifici, qui in iis aulis, quas modo dicebamus, cernuntur trabalibus, auratifque literis exarati, *Magno Magiftro*, *Illuftri literarum Regi*, *fancto*, *feu eximiâ quadam fapientiâ ornato*, aliifque fimilibus, quibus hunc gentis fuæ Doctorem complures Imperatorum familiæ Han-fui, Tam-fum, Yuen (fuit hæc Tartarorum occidentalium) & quæ hodiernam Tartarorum orientalium çim proximè anteceffit Mim dicta, tantum non fupra laudes humanas euexerunt. Quoniam tamen voce Xin, quæ fpiritum fonat; quamque pofterior ætas multis fuorum fuperftitiofè tribuit, femper hic abftinuerunt Sinæ, hodieque abftinent (quatenus faltem vox hæc numen aliquod, vel idolum fignificat, titulus quippe Xin-gnei, vel huic fimilis, funebribus tabellis inferibi folitus, & defunctis omnibus communis, fuperftitione caret) fatis vtique declarat, non alio ritu quam prifco maiorum fuorum, qui ab idolatria fuerunt alieni, coli nunc quoque Magiftrum fuum, maximè cum præter hofce titulos & ipfum nomen tabulæ infcriptum, nulla plerumque ftatua cernatur inibi; imago nullâ: vna tamen extat imago Philofophi, viuæ ac fpiranti non modo fimilis, fed re ipfâ fpirans, ac viua; Nepos ille videlicet cuius ante iam meminimus; quem adeo propter aui quamuis interuallo bis mille annorum, & plufquam fexaginta generationibus iam remoti memoriam, fummi pariter infimique colunt, fic prorfus, vt eum Xein-chi Monarchiæ Sino-Tartaricæ fundator, cum aulam de more adiiffet, perhonorificè exceperit, & familiariter quoque cum eodem agere obferuatus fuerit. Gaudet ipfe perpetua, & hæreditariâ Mandarinorum dignitate; raro item priuilegio, neque vllis præterquam Regij fanguinis Principibus conceffo, vt Imperatori nullum vectigal pendat: ad hæc quotquot fingulis trienniis ad Doctoris gradum euehuntur; pignus aliquod grati animi, & quafi Mineruæ quod auo non poffunt, nepoti perfoluere confueuerunt. Quod autem merito laudemus, ac fufpiciamus etiam nos Europæi; cum China fortunæ varietatem fane magnam fit experta, cumque tot bellorum cafus, & calamitates fubierit, tot ortus viderit, in

IV. P.   G teritufque familiarum, penes quas erat rerum fumma; nunquam tamen honores quos memoraui, grataeque pofteritatis erga Confucium monumenta funt interrupta; fi tamen paucos annos exceperimus, quibus tertio poft faeculo quam Philofophus obiit, çin-Xi-hoam fecundus è familia çin Impetator, non in libros tantum, fed etiam literatos barbarè, crudeliterque faeuiit. Caeterum cùm huius morte literae mox reuixerint, & iis honorum incrementis, quae fub Tartaris quoque fpectamus hodie, Confucij nomen & fama creuit.

Intelliget ex his omnibus prudens Lector, quam non inutilis futura fit Euangelico praeconi viri huius authoritas, fiquidem ea apud hanc gentem quae Magiftri fui, & literarum fuarum vfque adeò ftudiofa eft, vti quandoque poffit (& verò poteft) ad Chriftianam veritatem confirmandam; quemadmodum videmus, Apoftolum Paulum poëtae Graeci authoritate olim apud Athenienfes fuiffe vfum.

Vnum tamen hic folicitè cauendum nobis, pofito femper ante oculos eorum patrum exemplo, qui Miffionem hanc cum fingulari virtute prudentiaque fundatam nobis reliquere, vt apud Sinas admodum moderatè commendemus ac laudemus Confucium, ne teftimonio noftro atque authoritate, aeftimatio hominis, doctrinaeque eius, quae iufto propè maior eft, immodicè prorfus augefcat; maximè apud gentem, natura fanè fuperbam, & aliena ferè prae fuis contemnentem. Multo magis tamen cauendum nobis erit, ne verbo fcriptoue damnemus, aut laedamus eum, quem tota gens tantoperè fufpicit, ac veneratur, ne huic odiofi reddamur, non nos ipfi tantùm, fed ipfemet, quem praedicamus, Chriftus; & dum fortè contemnimus aut condemnamus eum, qui tam confentanea rationi docuit, quique vitam ac mores cum doctrina fua conformare femper ftuduit, videamur nos Europaei, Sinis faltem, non tam cum Magiftro ipforum, quam cum ratione ipfa pugnare velle, & huius lumen, non autem Confucij nomen extinguere.

AVIS.

I'Ay choifi la Ville de Goa pour mettre au iour ce traité, elle eft la mère des autres Miffions, & c'eft de là que découle dans le refte de l'Orient, tout ce qui fe fait de grand tous les iours pour l'auancement de la Foy fous les aufpices de S. François Xauier l'Apoftre de l'Orient, ie l'ay fait auffi pour me conformer au fentiment de mes confreres, que ie laiffay dans la Prouince de Canton qu'on leur auoit marquée pour le lieu de leur exil. Ils fçauent tous que la réputation feule d'entendre cet ouurage de Confucius peut attirer beaucoup de veneration aux Miffionnaires qui font employez dans les vignes du Seigneur, qu'on cultiue dans la Chine, dans la Cochinchine, & dans le Tonquin. Les Iaponois & toutes ces autres nations voifines de la Chine, ont toûjours deferé aux Chinois la pterogatiue de la fcience, rien ne concilie dauantage d'authorité aux Miffionnaires que l'intelligence de ces liures Chinois qui font pleins de maximes que ces peuples admirent, rien ne fait mieux receuoir les chofes de la foy que de les voir meflées auec ces maximes & auec les ordonnances de ce païs; Tellement que les Miffionnaires fe peuuent ouurir par là vne grande & libre entrée à prefcher à vne nation fçauante la connoiffance du vray Dieu. Les premiers de nos Miffionnaires ont commencé par l'étude des liures de Confucius, & c'eft fur le iugement qu'ils ont fait de l'vtilité qui s'en pouuoit tirer, que ie me fuis engagé à acheuer à Goa ce petit ouurage.

Le titre du liure eft Coum-yocum, c'eft à dire la conftance dans vne mediocrité bien-heureufe, Cufu petit-fils de Confucius mit ce liure en lumiere, & y adjoûta de luy mefme quelque chofe, mais il y en manque beaucoup d'autres, & il a plus l'apparence de fragment, que d'vn livre acheué, par cette raifon, & par celle de la fublimité de la doctrine qui s'y traite, il femble quelquefois furpaffer les bornes de la nature mefme.

Quoy que ce liure foit le fecond entre ceux de Confucius, ils ne l'expliquent que le dernier dans les écoles; cependant il eft tres-neceffaire comme i'ay dit cy-deuant, aux Miffionnaires; car il leur peut feruir d'vn excellent Maiftre pour la conduite de leurs mœurs, & à ceux dont la lumiere eft offufquée par l'obfcurité du vices il leur donne vne certaine lumiere de la verité qu'il eft fort à propos de faire marcher deuant l'Euangile, & qui ouure bien le chemin à la faire receuoir.

Il ne fe peut que la briefueté & l'obfcurité de cette piece ne face quelque peine au Lecteur, pour l'adoucir en quelque façon, i'y ay ioint la vie de Confucius, tirée des plus authentiques monumens des Chinois, non pas dans le deffein de le comparer à Seneque ou à Plutarque, mais afin que nos fçauans de l'Europe donnent à vn fi grand homme la place qu'il merite, mefme pour fon antiquité Ie prie neantmoins le Lecteur de n'entrer point à mettre ce philofophie en concurrence auec les autres, qu'il n'ait plus de lumieres des écrits de ce Philofophe qu'il n'en peut tirer de ce petit traité.

Les paroles qui font enfermées entre les parenthefes, ont efté adjouftées par le Traducteur, qui par tout ailleurs a pris à tache dans cette verfion de rendre parole pour parole.

9

LA VIE DE CONFVCIVS.

Vm-fu-çù que les Chinois fuiuent comme le Pere de leur Philo-
sophie, se nommoit Kiù; il naequit dans le Royaume de Lù, qui
à esté reduit en la Prouince nommée maintenant Xantum, dans
vn village nommé Leu-yè, dans le ressort de la Ville Kiofeu, qui
depend de la Ville Yenchen; il naequit l'an 21. de l'Empereur
Lim-vam, le 23. Empereur de la maison Imperiale nommée
Cheu, l'année qu'ils appellent Kem-sio, le 13. jour de l'onziéme
lune appellée Kemsu, à deux heures de nuit; ce qui reuient à l'année 551. deuant la
naissance de nostre Seigneur. Sa mere se nommoit Kim de l'ancienne famille Yen,
son pere Xoleam-hè, personnage illustre, non seulement par vne charge principa-
le qu'il auoit dans le Royaume de Sùm, mais aussi par la noblesse de sa race, qui
venoit selon les Chroniques Chinoises, & cette table genealogique qu'ils mettent
au deuant de leurs Annales, du 27. & penultiéme Empereur nommé Ti-yè. Son
pere auoit 70. ans quand Confucius vint au monde, il le perdit deux ans apres.
Pour sa mere, il auoit déja 21. quand elle mourut; son pere est enterré dans vne
montagne du Royaume de Lù, nommée Tum-fam. Dés l'âge 6. ans on remarqua
en luy vne sagesse qui auoit deuancé les années; car il paroissoit plûtost vn homme
fait qu'vn enfant de cét âge; on ne le voyoit point dans les jeux des enfans de sa
sorte; il ne mangeoit de rien qu'il ne l'eût auparauant offert au Ciel; selon la coûtu-
me ancienne de ce temps-là. Dés l'âge de 15. ans il s'appliqua tout entier à la lecture
des anciens liures, & en tira tous les enseignemens qui pouuoient estre de quelque
vtilité. Il se conformoit premierement luy-mesme à leurs enseignemens & les pro-
posoit apres aux autres pour estre imitez, il fut apres chercher les plus fameux per-
sonnages de son siecle, pour apprendre d'eux les rits & les coûtumes de son païs.
La 19. année ou comme quelques-vns disent la 20. de son âge il se maria, & l'année
suiuante il eut de sa femme vn fils qui vécut jusques à l'âge de 50. ans, car son pere
auoit déja 69. ans quand il le perdit. Sa mere estoit morte trois ans auparauant,
mais sa race ne se perdit point par la mort de ce fils; & Cu-su petit-fils de Confucius
la continua : ce fut lui qui commenta les liures de son pere, & qui remplit les plus
grandes charges de ce temps-là. Cette race s'est toûjours continuée depuis, & à
toûjours esté dans vne grande opulence, tellement qu'il n'y a peut-estre point de famille dans le reste du monde, qui se puisse vanter d'vne plus ancienne Noblesse,
c'est le jugement qu'en faisoit le Pere Adam Schall, lors que celuy qui est maintenant chef de cette famille vint expres à Pekin pour le voir. Confucius eut de grandes charges, il acquit dans toutes vne grande reputation, aussi ne les prenoit-il que
pour se rendre plus vtile au public, & quand vn si bon dessein ne luy reüssissoit pas, il
se defaisoit de la charge dont il ne pouuoit pas tirer cét auantage; jusques là que la
55. année de son âge, comme il estoit employé dans le gouuernement du Royaume
de Lu, qu'il y estoit Mandarin comme disent les Portugais; l'obseruance des loix fut
si exacte durant les trois ans de sa charge,& on remarqua vn si heureux changement
dans les affaires & dans les mœurs de ces peuples, que leurs voisins en conceurent de
l'enuie & tout ensemble de la crainte; car les forces d'vn Estat croissent à veuë d'œil
quand il est gouuerné par de bonnes loix. Le Roy de Xi emporté par l'vne & l'autre

IV. P.   C ij

Son sur-
nö Kom-
ni.

Dans le
territoi e
de Cham-
pin.

La 20. an-
née du
Roy Sia-
loum, qui
mastre en
ce temps-
là du
Royau-
me de Lu.

Tres-in-
formé des
affaires
de la Chi-
ne.
Auec des
presens,
car telle
est la ma-
niere du
pays.

de ces paſſions, du conſeil des grands de ſon Eſtat, enuoya vn preſent au Roy de Lù
de fort belles filles qui chantoient diuinement & qui auoient toutes les autres qualitez qui peuuent donner de l'amour ; le Roy qui ne voyoit point en ce preſent le
deſſein que ſes ennemis y auoient caché, fut des premiers épris de l'amour de ces belles perſonnes, les principaux de ſon Eſtat ſe rendirent de meſme à ſon exemple, tellement que durant l'eſpace de trois mois qui ſe paſſerent dans ces nouuelles
amours, les affaires publiques ceſſerent entierement, & il n'y eut plus de moyen
d'approcher du Roy. Confucius ne pût ſouffrir cét abandonnement, il ſe défit de
ſa charge, quitta la Cour, & ſe retira par vn exil volontaire dans le Royaume de Si-
geyſù. Dans cette Cour ils n'eurent pas l'eſprit de ſe ſeruir d'vn bien qu'y auoit atti-
ré leur enuie, lors que leurs voiſins en jouiſſoient : Ce grand homme n'y fut pas receu
comme il meritoit, & fut obligé d'aller au Royaume de Chim où ſon merite ne fût
pas plus connu, il y ſouffrit meſme vne extreme neceſſité. Et paſſant quelque temps
apres dans le Royaume de Sùm, vn méchant homme mais tres-puiſſant, taſcha pluſieurs fois de le faire mourir. Confucius toûjours ſemblable à luy-meſme, ſupportoit
ces aduerſitez auec vn courage inuincible, toûjours preſt de ſacrifier ſa vie pour vne
cauſe ſi juſte, ſa conſcience l'aſſeuroit & le rendoit inébranlable au milieu de tous
ces maux, il voyoit que le ciel ne luy pouuoit pas refuſer ſon ſecours, ny ſouffrir
qu'on fiſt du mal à vn homme qui faiſoit tant de bien ; il ne diminua rien de cette ar-
dante & infatigable étude, auec laquelle il s'appliquoit à répandre par tout l'Empire vne meilleure doctrine ; cette ardeur meſme auoit de la peine à ſe contenir dans
les bornes de l'Empire de la Chine, & la penſée luy vint pluſieurs fois de paſſer chez
les nations les plus éloignées ; il s'eſt veu 3000. diſciples, & entre ceux-là 500. qui
ont eſté employez dans les charges, mais il y en a eu 72. qui ſurpaſſoient tous les autres en vertu & en ſcience, dont les Chinois ont conſerué les noms & la patrie. Il
auoit diuiſé ſa doctrine en quatre parties, & ſes diſciples en vn pareil nombre de
claſſes.

Le premier ordre eſtoit de ceux qui trauailloient à cultiuer les facultez de l'eſprit ;
Yuenchuius tenoit la premiere place de cette claſſe, il mourut l'an 31. de ſon âge, &
ſon maiſtre pleuroit continuellement la perte qu'il auoit faite en ſa perſonne.

L'art du raiſonnement & de l'eloquence tenoit le ſecond rang ; les principaux
dans cette profeſſion eſtoient Zai-nego, & Zu-coum.

La troiſiéme claſſe comprenoit le gouuernement de l'Eſtat, & le deuoir de chaque charge ; Yengen-yu & Ki-lu eſtoient les premiers de ſes diſciples.

L'étude de la quatriéme claſſe eſtoit celle de la Morale, & d'écrire noblement ce
qui regarde les mœurs, Zu-yu & Zu-ya eſtoient les chefs de cette claſſe. Tous ces
gens que nous venons de dire eſtoient comme la fleur de l'école de Confucius
dont toute la doctrine & toute l'étude alloit en general à deliurer la nature raiſonna-
ble des tenebres de l'ignorance & des vices, & à luy rendre cette premiere lumiere & integrité auec laquelle le Ciel l'a crée.

Il arriuoit de là que cét Eſtat jouiſſoit d'vne profonde paix ; mais afin qu'ils puſſent
plus aſſeurément arriuer au but qu'il leur auoit propoſé, il leur recommandoit toûjours qu'il falloit obeïr au Ciel, le craindre & luy rendre vn culte, aymer ſon pro-
chain comme ſoy-meſme ; vaincre ſes deſirs & les ſoûmettre à la raiſon, ne rien
faire, ne rien dire, & meſme ne rien penſer qui s'éloignaſt de ces regles. Son exemple precedoit toûjours les enſeignemens qu'il donnoit dans ſes écrits ; & rien n'en fait
mieux voir l'effet que ce grand nombre d'hommes illuſtres qui ſont ſortis de ſon
Academie & qui ont conſerué à la poſterité juſques aux moindres particularitez de
ſa vie. Auec cela la faueur conſtante d'vn ſi grand nombre de Princes, & l'honneur
que tant de ſiecles luy ont rendu, ſont des preuues inuincibles que la vertu de ce
Philoſophe eſtoit ſolide, & bien éloignée de la vanité & de l'hypocriſie : nous en
auons meſme veu entre les plus ſçauans de nos Chinois, de fort perſuadez que s'il
eût vécu juſques à ces derniers ſiecles, & qu'il eût connu la pureté de noſtre Religion,

il eût esté asseurément le premier des Chinois à l'embrasser. C'estoit vn homme d'vne grauité admirable, d'vne moderation exemplaire, de bonne foy, d'vne equité, & d'vne douceur singuliere, seuere seulement enuers ses propres deffauts, toûjours dans l'apprehension qu'il ne luy échapast quelque action indigne de luy, faisant peu de conte des richesses & des honneurs, mais plein d'vne sainte passion d'estre vtile par l'exemple de sa vie & par les lumieres de sa doctrine. Pour nous autres gens de l'Europe, nous deuons admirer principalement son humilité, & sa modestie, puis que ces parties se sont trouuées rarement chez ces anciens Philosophes que nous admirons tous les jours. Confucius estoit si humble & si modeste qu'il reconnoissoit souuent entre ses deffauts, ce que les autres ne remarquoient point, tantost s'accusant de n'auoir pas assez d'ardeur pour acquerir de nouuelles lumieres, tantost de n'estre pas assez sur ses gardes à se defendre du vice, ou de n'estre pas assez attaché à l'étude & à l'exercice de la vertu. Mais rien ne remarque mieux la modestie de ce sçauant homme que la profession qu'il faisoit que sa doctrine n'estoit pas de luy, qu'il l'auoit tirée de ses predecesseurs, & principalement des Roys Yao & Xun, qui l'auoient precedé de plus de 1500. ans.

Il ne pouuoit souffrir que l'on dist qu'il estoit né sage, & disoit à toutes rencontres qu'il n'auoit iamais pû arriuer à vne parfaite vertu.

Quelques Chinois raportent qu'il auoit accoûtumé de dire qu'il y auoit dans l'Occidant vn saint homme nommé Sifam-ren Xim-gim, dont ils ne disent rien dauantage. Il est certain que 66. ans après la naissance de nostre Seigneur, l'Empereur Mim-ti le 17. de la famille de Han, touché par les paroles de Confucius & encore dauantage par la reputation de ce saint personnage de l'Occident, enuoya des Ambassadeurs en ces quartiers-là pour en raporter la veritable Loy. Ces Ambassadeurs estant arriuez à vne isle qui n'est pas éloignée de la mer-rouge, n'oserent pas s'engager plus auant, & ayant trouué dans cette isle vne Idole qui representoit vn homme monstreux nommé Fé, qui auoit vécu dans les Indes 500. ans auant Confucius, ils rapporterent cette Idole auec son execrable doctrine. Heureux si au lieu de cette peste ils y eussent apporté la doctrine de salut & la Religion Chrestienne, que saint Thomas Apostre preschoit en ce temps-là dans les Indes.

Peut-estre que l'orgueil de cette nation qui estoit alors tres-heureuse, la rendit indigne d'vn si grand bon-heur. Quant cette Idole fut arriuée, les Chinois s'attacherent vniquement à son culte, suiuans en cela l'exemple de quelques-vns de leurs Roys; ils se separerent aussi de la doctrine de leur grand Maistre, & des bonnes maximes de leurs ancestres; & estans finalement tombez dans le mépris de la Religion ils se jetterent dans l'Atheisme, les plus éclairez, & sçauans mesme furent les premiers à y entraisner les autres, ensuiuant pour guide les maximes de ce Fé Docteur de leur idolâtrie. Cét Imposteur soûtient que les choses n'ont point de commencement, & n'auront point de fin; cette doctrine entr'eux estoit tenuë secrete, ils l'appellent interieure par cette raison. L'autre partie de leur Religion, qu'ils appellent exterieure, n'est qu'vne apparente de Religion accommodée au peu de sens & à la superstition du peuple. Pour Confucius il est certain qu'il ne tomba point dans cét égarement, & ceux mesmes qui par vn vice du siecle adorerent alors les Idoles, n'ont jamais dit que Confucius eût pris leur party ny leur eût rendu aucun culte.

Pour ce qui est de l'Atheisme, les anciens Chinois l'ont tenu tout à fait éloigné de ce crime; ce que nous ferons voir clairement dans nostre explication du liure Cum-Yum. Confucius auoit 73. ans lors qu'il mourut; ce fut à la 4. lune que les Chinois appellent Ki-cheu, l'année Cui-gin-sio, nommée de la sorte à cause du 60. siecle de l'Ere Chinoise, & du nombre d'or de cette nation. Cette année estoit la 49. de l'Empire de Kim-vam le 25. Empereur de la famille Cheu. En ce temps-là le Vice-Roy Negai-kou gouuernoit il y auoit déja 16. ans, le Royaume de Lù, que nous auons dit estre la patrie de ce Philosophe; peu de temps auparauant qu'il tomba malade, il chanta ce vers en déplorant les troubles de son siecle. *Montagne immense où*

IV.P.   C iij

es-tu tombée? Il entendoit par là sa doctrine, *la grande machine est renuersée, les hom-*
mes sages & les vertueux ont manqué. Il tomba apres cela dans vne langueur, & le 7.
jour deuant sa mort s'estant tourné vers ses disciples, il leur dit, la nuit passée j'ay veu
en songe qu'on me faisoit mes funerailles, les Roys n'obseruent pas ce que j'ensei-
gne, & qui est-ce dans tout cet Empire qui ne profite de mes enseignemens? il ne me
reste plus qu'à mourir. En disant cela il tomba dans vn assoupissement ou lethargie
qui dura sept iours entiers, au bout desquels il expira. Il fut enseuely dans le Royaume de Lù, car il s'estoit retiré dans sa maison auec ses disciples, elle estoit proche
de la Ville de Kio-fu, sur le bord de la riuiere Su; il est enterré dans l'Academie
mesme où il faisoit ordinairement ses leçons, elle est fermée de murailles comme
vne Ville, ses disciples en prirent le deüil, & le pleurerent vn an durant comme des
enfans auroient pleuré leur pere, faisant durant ce temps-là de grands jeûnes, il y
en eut quelques-vns qui le pleurerent trois ans, son disciple Su-cum le pleura six ans
durant, demeurant toûjours au lieu de sa sepulture.

Ce Philosophe estoit d'vne taille auantageuse, quelques Chinois la font gigan-
tesque, ses épaules & sa poitrine larges, la rendoient plus majestueuse, il auoit vne
bosse sur le haut de la teste, & son pere l'appelloit souuent par cette raison Ki-eu,
c'est à dire l'Eminence, il se nommoit luy-mesme quelquesfois de la sorte par modestie.

Il auoit le visage large, le teint bazanné, les yeux noirs & grands, les cheueux
noirs, la barbe longue, le nez camus, la voye graue, & qui ressembloit à vn tonner-
re lors qu'il parloit, comme le disent les Chinois.

Ce n'est point sur mon témoignage seulement qu'on doit estimer les honneurs que
la Chine rend depuis plus de 2000. ans à son Maistre, toute la posterité s'est toûjours
employée dans ce païs-là à luy témoigner de la reconnoissance. Personne n'est éleué
dans les charges que par sa doctrine, & ne s'auance qu'à proportion du progrez
qu'il a fait dans les liures de ce grand homme; ainsi, tout ce qu'ils ont de richesses
& d'honneurs, ils le reconnoissent comme venant de son étude. Dans toutes les
Villes il y a des Palais qui luy sont consacrez, & lors que quelqu'vn de ces Officiers
de robbe passe deuant, il se fait toûjours descendre de cette chaire de parade dans laquelle on le porte, & fait à pied quelques pas pour rendre cet honneur à sa me-
moire.

Sur le frontispice des Palais qui luy sont consacrez, on void ses éloges en grandes
lettres d'or, auec de semblables Titres: *Au grand Maistre, à l'Illustre, au sage Roy des*
lettres. Les races entieres des Empereurs de la Chine se sont efforcées à qui luy
rendroit le plus d'honneur, celle de Han, de Soui, de Tam, de Soum, celle de Yuen
qui est la race des Tartares occidentaux, & celle de Mimqui preceda la race des Tartares orientaux, qui commandent maintenant & qu'ils appellent Cim. Dans tous
ses éloges on ne trouue jamais le mot de Yun que les Chinois modernes donnent
souuent à ceux qu'ils honorent auec superstition, les Chinois se sont toûjours absté-
nus de l'employer lors qu'ils parlent de Confucius, ce qui marque assez que l'honneur qu'ils luy rendent n'a rien qui ne soit selon la coustume de leurs Ancestres, qui
ont esté toûjours fort éloignez de toute idolatrie. On void le plus souuent ses statuës sans qu'aucun éloge y soit.

De ce Philosophe il reste vne statuë viuante, j'entends vne personne de sa race,
laquelle quoy qu'éloignée de 60. generations du temps de Confucius, ne laisse pas
de tenir vn grand rang dans l'Estat; tellement que Xanchi, ce Tartare qui a conquis la Chine, le receut auec beaucoup d'honneur lors qu'il vint à sa Cour, & en-
tretint auec beaucoup de familiarité ce petit néueu de Confucius: ceux de cette famille sont Mandarins nez, & ont vn priuilege qui ne leur est commun qu'auec les
Princes du sang, de ne payer aucun tribut à l'Empereur. Auec cela, ceux qui de
trois ans, en trois ans, sont éleuez au degré du Doctorat, luy font quelque present,
comme par reconnoissance de l'obligation qu'ils ont à Confucius chef de sa maison.

Ceux de l'Europe s'étonneront peut-estre si je leur dis que dans toutes les guer-
res & reuolutions qui ont souuent changé l'Estat de la Chine, & fait passer l'Empire d'vne maison à l'autre, jamais le païs n'a interrompu les honneurs qu'il recon-
noist deuoir à Confucius, si nous en exceptons ce petit nombre d'années, pendant
lesquelles le second Empereur de la famille de Zim se déchaisna barbarement contre ce qu'il y auoit de liures, & de gens doctes, mais les lettres furent dans leur premier estat aprés sa mort, & la reputation de Confucius a esté mesme augmentée sous
l'Empire des Tartares. L'on pourra juger par là combien il importe à vn Mission-
naire de se seruir de l'authorité & de la doctrine de ce Philosophe, comme S. Paul
se sçeut seruir si à propos de celle du Poëte Grec auprés des Atheniens; mais en s'en
seruant il faut toûjours auoir deuant les yeux l'exemple de nos premiers Peres Ie-
suites, qui nous ont laissé cette Mission établie par leur vertu & par leur prudence;
leur exemple nous apprend que nous deuons estre fort retenus lors que nous loüons
Confucius auprés des Chinois, de peur que son authorité & l'estime qu'ils en font qui
n'est déja que trop grande, ne s'augmente trop par nostre témoignage; car cette nation presume beaucoup, & n'estime rien que ce qui est né chez elle. L'extremité contraire est encore bien plus à craindre; car si nous attaquons par nos écrits cét homme
que toute la nation reuere, non seulement ils ne nous pourront souffrir, mais leur
haine s'étendra iusques à la doctrine de nostre Religion & iusques à Iesus-Christ
mesme, & en condamnant de la sorte sans discretion les écrits de ce Philosophe qui
s'accordent fort bien auec la raison, & qui a toûjours tasché de conformer sa vie &
ses mœurs auec sa doctrine, les Chinois considereront ceux de l'Europe comme des
gens qui ont plûtost pris à tasche de combatre la raison mesme que la doctrine de
leur Maistre, & qui vont dauantage à en étouffer la lumiere, qu'à obscurcir le nom
de Confucius.

Ce n'est pas assez d'auoir traduit du Chinois ces fragmens ou pensées de Confucius, il les falloit en-
core commenter pour les faire entendre, en attendant que le Pere Intorcetta ait donné les commentai-
res qu'il nous promet, j'ay mis icy quelques-vnes de ses pensées qui se peuuét entendre sans autre secours.

Version de quelques endroits du second liure Confucius.

A nature raisonnable est ce que les hommes tiennent du Ciel, ce qui luy est con-
forme s'appelle la regle, rétablir cette regle entre les hommes c'est les instruire.
Confucius dit, vn homme parfait garde la voye du milieu, les méchans au con-
traire s'en éloignent.
Confucius adjoûte que cette moderation est vn grand point, qu'elle est sublime, &
qu'il y a déja long-temps que peu de gens y arriuent.
Ie sçay, ce dit-il, pourquoy on garde si peu cette route, ceux qui ont de la prudence, la
passent, & les ignorans n'y peuuent pas arriuer.
Confucius dit, il y a assez d'hommes qui presument auoir de la prudence, mais au moindre choc qui
leur arriue, ils tombent en mille pieges dont ils ne se sçauroient depestrer; ils disent la plûpart, i'ay
de la prudence, i'ay de la moderation, mais ils n'ont pas la constance de la suiure vn mois de temps.
Confucius dit, il est aisé de gouuerner en la paix les Royaumes de la terre, de refuser les
richesses & les honneurs, de mépriser les dangers d'vn combat; mais il n'est pas si aisé de gar-
der la moderation dont nous venons de parler.
L'honneste homme se gouuerne selon l'estat où il se trouue & ne souhaite rien qui n'y conuien-
ne, s'il est riche & dans l'honneur, il se comporte en homme riche, & consideré: s'il est pau-
ure & dans l'obscurité, il vit en paure & en inconnu: s'il se trouue dans l'affliction & dans
la misere, il se conforme à cet estat: enfin il n'est point d'estat où il ne se trouue content.
S'il est dans vne grande éleuation, il ne traite point rudement ceux qui sont au dessous de luy;
s'il se void dans vn grand abaissement, il ne flatte point lâchement ceux qui sont sur sa teste, il s'ap-
plique tout entier à se perfectionner, & ne va point chercher dans les autres la cause de ses mal-
heurs, il n'en paroist iamais indigné, & ne se plaint ny du Ciel ny des hommes.
Il va toûjours le mesme chemin sans hausser ny baisser, & attend sur tout les ordres du Ciel:
le méchant au contraire tente tout & se hazarde par tout pour arriuer à ses fins.
Cette terre où nous marchons, si on la compare auec tout l'Vniuers, à peine aura-t-elle la
proportion d'vne poignée de boüe, cependant si nous en iugeons selon ce qui nous paroist d'abord
de sa grandeur & de son immensité, nous trouuerons qu'elle soûtient la plus grande de toutes les
montagnes sans en estre sur-chargée, qu'elle reçoit dans son sein des fleuues & des mers sans en

estre inondée, & qu'enfin elle est le soûtien de toutes les choses qui tombent de plus prés sur nos sens. Si nous considerons aprés cette grande montagne, ce n'est qu'vn morceau de roche, si on la compare auec la terre; mais si on la considere absolument & sans autre rapport, l'on est estonné de son estenduë & de sa hauteur, d'y voir croistre des plantes & des arbres, & on ne se lasse point d'admirer les metaux & les pierres precieuses qui se tirent de ses entrailles.

O que la vertu d'vn honneste homme est grande! sa vertu & sa iustice s'estend à tout, il en vient toutes sortes de biens, mesme celle qui les conserue, elle est esleuée iusques au Ciel, que son vsage s'estend loin; elle contient les trois cens chapitres des reglemens de la societé ciuile, & ces autres 3000. articles des deuoirs que les hommes se doiuent les vns aux autres.

Il faut attendre qu'vn homme qui ait cette vertu souueraine paroisse au monde, ce sera alors que les hommes garderont soigneusement entre eux tous ces deuoirs, que leur vie sera parfaite; & ce que l'on a accoustumé de dire sera trouué fort veritable, que les loix ne seront iamais parfaitement obseruées, si ce n'est sous l'Empire d'vn Prince.

Ceux qui connoissent la beauté de la vertu, qui ont de l'amour pour elle, s'attachent fortement à cultiuer, & tachent de conseruer dans son entier cette nature raisonnable qu'ils ont receuë du Ciel; ils reglent par la toutes leurs actions, ils en tirent des preceptes pour leur conduite, ils en remplissent la vaste estenduë de leur esprit, & ils penetrent iusqu'à la connoissance des choses les plus subtiles; ainsi le Sage acheue de perfectionner les lumieres de son esprit, & gardant en tout la regle du milieu, il se sert de ce que les siecles passez ont trouué de bon, & il s'estudie à trouuer quelque chose de mieux, & les veritez qu'il trouue font qu'il profite mieux de la connoissance que l'antiquité luy a laissée; si vn homme de la sorte se trouue dans les premieres places de l'Estat il n'en sera pas plus enflé, s'il est dans les dernieres, il n'en sera pas moins soûmis: si la vertu & les loix sont en vigueur dans son païs, c'est assez qu'il parle pour faire que l'on l'esleue & l'employe mesme malgré luy; si la vertu & les loix n'ont point de lieu dans son païs, il ne fait point de bruit, & son silence suffit pour faire qu'il mene vne vie exempte de toutes sortes de troubles, & qu'il puisse vacquer entierement à luy-mesme. Il y a des gens qui siuiuent les ordonnances de la famille Imperiale Yn, pour moy i'ay estudié celles de la famille Imperiale Cheu, qui sont maintenant en vsage; c'est pourquoy ie me regleray sur ces dernieres plûtost que sur les autres.

Deuant ces Roys, il y en a eu d'autres qui ont fait de bonnes ordonnances que le peuple ne suit point à cause qu'elles ont manqué de tesmoins. Vn honneste homme qui passe sa vie en particulier & hors des charges, quoy qu'il garde tous les deuoirs que la raison luy prescrit, à cause qu'il est sans dignité & sans charge, le peuple n'a point de creance en luy, & ne songe point à suiure son exemple.

C'est par cette mesme raison que le plus grand secret de bien gouuerner pour vn Prince, dépend de sa propre personne, & de l'exemple qu'il donne à tous ses suiets par sa vertu. Il regle sa conduite sur celle de ces trois anciens Roys, & ne fait sut il ne peut pas se tromper. Ses actions s'accordent auec les loix du Ciel & de la terre, & n'a point à craindre que dans le temps mesme que ce Saint que l'on attend sera venu, sa vertu ne soit respectée comme elle l'a esté de son regne.

Ainsi quoy qu'vn Prince de ce merite entreprend quelque chose, son entreprise est fondée sur les mesmes raisons qui establissent les Estats, tout ce qu'il fait & tout ce qu'il dit deuient non seulement la regle de son siecle, mais de toute la posterité. Les hommes qui viennent aprés luy ne souhaitent tant que d'auoir vn Souuerain qui luy ressemble, & ceux qui viuent sous ses loix ne se lassent point de son gouuernement.

Il n'y a point de Roy de ce merite (dit Susu) dont la reputation ne se soit répanduë aussi-tost par tout le monde.

Celuy là dans le monde aura atteint vne derniere perfection, qui pourra entendre clairement, penetrer & comprendre tout. La grandeur de son esprit, sa liberalité, sa clemence, son honnesteté, font qu'il est capable d'embrasser tout; son actiuité, sa fermeté, sa constance la grandeur de son courage, font qu'il tient tout sous sa loix sa iustice, son equité, sa grauité & sa vertu luy attirent la veneration de tout le monde: les differentes lumieres de son esprit, & leurs mélanges diuers fait qu'il garde en tout le iuste poix & vne mesure exacte, il penetre ce qu'il y a de plus caché, il demesle les choses les plus embarassées, & ses iugemens sont si iustes qu'on n'y sçauroit trouuer à redire.

Sa vertu est d'vne si grande estenduë, qu'elle deuient la source inepuisable de tous les biens de son siecle.

Il est estendu & vaste comme le Ciel, profond comme la mer, s'il sort en public il n'y a personne qui ne l'adore, s'il promet quelque chose personne ne doute de sa parole, & il ne fait point d'actions qui n'ait l'approbation & l'applaudissement de tout le monde.

Le disciple Cda dit, prend garde à tes actions lors que tu es dans ta maison & en ton particulier, qu'il ne t'en échape aucune dont tu puisse rougir, ainsi dit-il, vn homme sage ne commence aucune action qu'il ne l'ait examinée auparauant, il ne dit pas vne parole de la verité de laquelle il ne soit asseuré, & il est toûjours en garde de luy-mesme.

La vertu d'vn Souuerain ne manque iamais d'éclater, & ne demeure point solitaire, la plûpart des Grands de sa Cour taschent aussi-tost de l'imiter, & sous vn Roy qui est solidement vertueux il est impossible que l'Empire ne soit dans vn profond repos.

VIAGGIO

DEL P. GIOVANNI GRVEBER,

tornando per terra da China in Europa.

31. Gen-
1665. ab
rnatione,
renze,

I L dopo deſinare di queſto giorno fui à viſitare inſieme col Signor Carlo Dati il P. Giouanni Grueber, natiuo di Vienna d'Auſtria, il quale con naue venuta di Smirne ſe n'era tornato di Coſtantinopoli inſieme col Signor Bernardo Pecoy. Queſto Padre è ſtato tre anni in China, e due anni ſono ne ritornò, auendo fatto il viaggio da Venezia à Smirne per mare, da Smirne ad Ormùs per terra con camino di cinque meſi; da Ormùs nauigando per ſette altri meſi à Macaò, e da Macaò attrauerſando il Regno della China da Auſtro à Tramontana, parte per terra, parte nauigando fiumi, ò canali in termine di tre meſi à Pequin. Al ritorno poi hà tentato vn viaggio forſe fin'ora non praticato da alcuno Europeo, eſſendo egli di China entrato nella rena della Tartaria Deſerta, e quella attrauerſata in tre giorni, arriuato alle ſpiagge di Kokonor. Queſto è vn mare ſimile al Caſpio, di doue hà l'origine il fiume Giallo di China, che ſcorrendo con grandiſſime riuolte vna gran parte di quel regno, mette finalmente in mare dalla parte d'Oriente à rimpetto dell'Iſola Coreì, e il maggior fiume di China. Kokonor dunque ſignifica in lingua Tartara Mar grande, dalle riue del quale ſucceſſiuamente ſcoſtandoſi il Padre, entrò in terra Toktokai), paeſe quaſi affatto deſerto, e che non riconoſce Signore, nè alcun Signore per la pouertà di quello ſi cura di riconoſcerlo. Si trouano per eſſo alcuni pochi padiglioni di Tartari, che vi menano vita miſerabile. Per queſta terra paſſa il fiume Toktokai, da cui prende il nome; belliſſimo fiume è in sù l'andar del Danubio, ſe non che hà pochiſſimo fondo, e vn vomo à cauallo lo paſſa francamente à guado. Quindi inoltratoſi nel paeſe di Tangut arriuò in Retink prouincia aſſai popolata del reame di Barantola, e finalmente nel regno detto propriamente Barantola. La città regia è Luſſa; il Re preſente hà nome Teua, e diſcende per antichiſſima origine da Tartari di Tangut; la ſua reſidenza è in vn caſtello fabbricato all'Europea sù vn monte altiſſimo, e'l palazzo reale chiamato Butala, hà quatiropiani d'aſſai buonà architettura. La Corte è grandiſſima, e v'è vn luſſo incredibiliſſimo ne gli abiti, tutti di tele, e broccati d'oro; fuor di queſto la nazione è ſporchiſſima, hauendo per legge coſì vomini, come donne non portar camicia, dormir in terra, mangiar carne cruda, e non lauarſi mai nè mani, nè viſo. Sono però molto affabili, & amici del foreſtiero. Le donne ſi veggono per la città, come l'altre Tartare al contrario delle Chineſi. Il fratello di queſto Re ſi chiama Lamacongiù. Queſti è il Moſti, ò vogliamo dire il Sommo Sacerdote de' Tartari, da' quali è adorato come Iddio. Credono ch'ei foſſe fratello del primo Re, quantunque vſino chiamarlo ſucceſſiuamente

IV. Partie.   A

fratello di tutti i Re; e tengono, che ogni tanto muoia, e risusciti; e dicono, che questa
sia la settima volta, ch'egli è risorto dalla creazione del mondo. Questa credenza è
mantenuta in quei popoli dall'astutia del Re, e di man'in mano da que' pochi, che sono
ammessi al segreto, e rigirano la faccenda, che però fuor di quelli non si lascia veder à
persona immaginabile. Le pezzuole sporche di questa diuinità son grandemente cercate dà
grandi del regno, e beato chi può hauerne delle più fiorite, e ricamate. Vsano portarle
d'auanti il petto à foggia di reliquia. Di Barantola entrò in Nekpal, reame d'un mese
di camino (che in questa forma vsa in quelle parti descriuere il tratto del paese, ò delle
prouincie, e de' regni:) le città regie son due Catmandir, e Patàn, diuise solamente
da un fiume, che passa trà l'vna, e l'altra di esse. In Catmandir stà il Re detto Partasmal,
in Patan è il fratello del Re chiamato Nenagmal, giouanetto, e bellissimo Prencipe.
Questi hà il comando dell'armi; e in quel tempo, che il P. Giouanni si ritrouaua in
Patan aueua spedito vn grosso esercito contro vn Regolo per nome Varcam, il quale
con diuerse scorrerie gl'infestaua il paese. Il Padre gli donò vn picciolo canocchiale, col
quale hauendo scoperto vn luogo, doue il sudetto Varcam s'era fortificato, fece guardar il
Prencipe in quella parte, il quale vedendosi così auuicinata quella piazza gridò subito,
che si tirasse al nemico, non essendosi ancora accorto del falso auuicinar de' cristalli. Quanto
gli fosse grato questo regalo, sarebbe cosa incredibile à ridire. Vscito di Nekpal toccò
per soli cinque giorni il regno di Moranga, del quale non vedde città alcuna, mà solo
certe case di paglia, doue è vna dogana regia. Il Re di Moranga paga ogn'anno al Mogor
vn tributo di ducento cinquanta mila Tallari, e di sette Elefanti. Di Moranga entrò nell'
India di là dal Gange, arriuando à Minapor metropoli; e quiui passato il Gange largo
quanto due volte il Danubio, giunse à Patanà, caminando venticinque giorni fù in
Agra prima città regia dell'India di quà dal Gange; da Agra in sette giorni di viaggio
à Teli seconda città regia, e da Teli in quattrodieci giorni si condusse à Laor terza città
regia, posta sù'l fiume Raui, grande anch'esso quanto'l Danubio, e che mette nell'Indo
vicino à Multaia. Quiui imbarcato sù l'Indo dopo quaranta giorni di nauigazione fù à
Tarà vltima città del Mogor, doue è vn V. Re chiamato Laskarkar; vi sono parimente
assai mercanti Inglesi, e Olandesi. Poche giornate di quà da Tarà si condusse à Capo Fax
del Persiano; di doue per la Prouincia del Maccaran in Caramania, in Ormuz; da Ormuz
in Persia propriamente detta, in Ircania, in Media, in Armenia maggiore, e minore,
in Ponto, in Capadocia, in Galutia, in Frigia, in Bitinia, in Missa, doue Smirne.
Quiui imbarcatosi con felice nauigazione giunse in Messina. Arriuato à Roma, e rispedito
nuouamente per China venne in Alemagna, ed alzatosi nella Pollonia pensò di tentare
vn viaggio più alto per la Moscouia, auendo per mezzo dell'Imperatore ottenuto passaporti
dal Duca di Curlandia, e dal Moscouita. Mà giunto alle frontiere di Moscouia arriuò nuoua
nell'istesso tempo, che il Re di Pollonia vnito col Tartaro auea cominciato à dar'addosso
a' Moscouiti; per lo che dubitando di trouar difficoltà in Ytoliza (così chiamano Mosca
i Tartari) di passar più auanti, stimò partito migliore tornarsene à Vienna, doue essendo
giunto in quello, che l'Imperatore inuiaua suo Ambasciadore in Costantinopoli il Conte
Lesle, s'accompagnò con esso, pensando lasciarlui alla Porta, ed egli proseguire auanti il
suo viaggio. Mà appena fù giunto in Costantinopoli, che sorpreso da vna flussione di
catarro, che impedendogli di quando in quando il respiro gli cagionaua grandissimi
trauagli di stomaco, non gli fù più possibile d'andare più innanzi, onde preso l'imbarco
d'vna naue per Ponente è venuto à Liuorno, e da Liuorno à Firenze, doue pensa di
trattenersi ancora otto giorni, e poiche già sente notabil miglioramento della sua indisposizione
è di pensiero d'incaminarsi alla volta di Venezia per passare per la via del Friuli alla
Corte dell'Imperatore, per di quiui tentare vn'altra volta il viaggio di Costantinopoli, ò
tornare à pigliare imbarco à Liuorno per Smirne, secondoche riceuerà gli ordini di Roma
dal Generale. E questo Padre d'età di quarantacinque anni, giouiale d'aspetto, affabile,
& amoreuolissimo oltre ogni credere, e ripieno d'vna sincerità Alemanna, la quale aiuta
à far maggiormente spiccare la sua cortesia, in somma v'è tanto del buono, e del galant'

vomo, che anche per vno che non foſſe Geſuità ſarebbe d'auanzo. Il Signor Carlo Dati l'auea veduto, il giorno auanti in anticamera del Signor Prencipe Leopoldo, doue aueua cominciato ad attaccar ſeco ragionamento, benche non molto lungo per eſſere il Padre di lì à poco ſtato introdotto all'audienza di S. A. onde con queſto precedente attacco di conoſcenza ſi fece di ritornare à godere della ſua deſiderabiliſſima maniera, e conuerſazione, perche pregatolo vnitamente con eſſo meco à tolerar la noia, e l'importunità delle medeſime domande intorno alle coſe di China s'eſibì di ſodisfare con maniere ſommamente obliganti.

Domandò il Signor Carlo, ſe il preſente Re di China era figliuolo del primo occupatore del regno; e doue riſiedeua, ſe in China, ò in Tartaria.

Riſpoſe eſſer nipote, e che il ſuo auo fù quello, che chiamato dagli Eunuchi ribelli l'anno 1646. s'impadronì della China com' hà diffuſamente ſcritto nella ſua ſtoria il P. Martini. Diſſe, che il Re preſente è fanciullo di dodici anni in tredici; e che riſiede in Pequin metropoli del regno, e così auer fatto il padre, e l'auo. Tanto che il precetto del Machiauello che per aſicurarſi vn Prencipe nuouo in vno Stato nuouamente acquiſtato, disforme di lingua, di coſtumi, e di leggi dall'antico ſuo dominio, non v'è più ſicuro partito, che l'andarui ad abitare, non è tal arcano di ſottigliezza politica, che non v'arriuino ancora le groſſolane menti de' Tartari.

Si domandò delle milizie, e'n che forma foſſero trattati i Chineſi dal preſente gouerno. Le milizie del regno, riſpoſe, vniuerſalmente ſon Tartareſche; ſolamente le guardie del corpo, che ſaranno da quaranta mila tra Moſchettieri, & Arcieri ſono Coreiane, e Giapponeſi. Nel reſto i popoli della China non patiſcono oppreſſione alcuna ſtraordinaria, e che per auanti non aueſſero ſotto i proprij Re. Hanno tutta la libertà, che vogliono in profeſſare le loro antiche religioni. Le vecchie leggi reſtano tuttauia in piedi, e vengono amminiſtrate per tutto il regno da medeſimi Chineſi, ſe non che à tutti i Magiſtrati preſiede vn Tartaro, il quale però non s'arroga autorità maggiore di quel che porti vna pura ſopraintendenza, la quale non arriua à deuiare, non che à trarre affatto le coſe dall'ordine loro.

Sù queſto gli addomandammo del gouerno ciuile del regno.

In Pequin, replicò, ſon noue Magiſtrati, i quali tutti co' medeſimi nomi, con le medeſime giudicature, cariche, & attenenze ſi trouano replicati in tutte le città del regno, e ſono.

Il primo detto Li-pù ſignifica Tribunal di ragione, ed è compoſto vgualmente di Tartari, e di Chineſi. Conoſce tutti gli appelli, che vengono dalle Sentenze date ſopra qualſiuoglia materia da tutti i Tribunali del regno.

Il ſecondo chiamaſi Li-pù ancor'eſſo, però con differente maniera d'accento ſopra la prima voce Li, la quale doue nel primo val ragione in queſto ſecondo modo aſpirata ſuona lo ſteſſo, che cerimonie. Queſto è vn Tribunale, come à noi l'Eccleſiaſtico, giudica tra i letterati, e definiſce ſopra tutte le materie di Religione. Il terzo è Pim-pù, ed è militare. Il quarto è criminale, e chiamaſi Nim-pù. Il quinto è Cho-pù, ed è la Depoſiteria Regia. Il ſeſto è Cum-pù, e ſopraintende vgualmente alle fabbriche del Re, e à quelle del publico. Il ſettimo hà l'incumbenza di tutte le paghe, che dà la Caſa Reale; e l'ottauo è la diſpenſa, che ſuppliſce alle prouiſioni della tauola del Re. Di queſti due vltimi non li ſouuennero i nomi, e del nono ne meno l'vffizio. Ora tutti queſti Tribunali, ſi come è detto, ſi ritrouano in tutte le città del regno, e da ciaſcuno s'appella al ſuo ſuperiore, al quale egli è ſubordinato con queſt'ordine. Il Tribunale v. g. che ſopraintende alle milizie in vna città particolare, riconoſce il Tribunale delle milizie della metropoli della ſua Prouincia, e queſto quello della città regia, dal quale è lecito d'appellare, quando ſiano caſi grauiſſimi al ſupremo Magiſtrato, che è Li-pù. Da queſto non v'è altro appello, che al Re, al quale è lecito à ogn'vno di richiamarſi, purche auanti voglia ſottoporſi à vn cavico di cinquanta ſolenniſſime baſtonate. La maniera di baſtonare è ſtrana, e crudele; ſi diſtende quel pouer'vomo per terra boccone, e ſcoperto il ſedere, e le reni ſegli mettono due baſtonatori à ſedere l'vno dirimpetto all'altro ſù le gambe, e ſù'l collo, e con vna

IV. Partie.   A ij grossissima canna d'India per vno in mano, la qual tengono sempre à quest'effetto in molle nell'acqua, perche suetti meglio, e s'arrenda, cominciano à menar dolcemente à vicenda, quello, che stà sù'l collo sopra'l sedere, e quel delle gambe sopra le spalle, adoperandosi con tal gentilezza, che di quando in quando conuien loro fermarsi, tanto che quel disgraziato possa riauere il fiato, che altrimente non sarebbe possibile di non morir soffogato. Questo medesimo stile tengono i Mandarini, cioè i nobili del regno, così Tartari, come Chinesi in gastigare i lor seruitori, nè perciò si fanno molto pregare. Ma ritornando à quello, ch'è bastonato per abilitarsi all'audienza regia, è da sapere, che quando vuol appellarsi tira vn sasso ad vna gelosia della camera del Re, il qual tirato è subito introdotto nella sua camera, e se il Re vede, che si sottoponga al bastone con vna certa franchezza d'animo, e gli paia di leggergli in faccia vna certa picca, la qual suol nascere da vn' animo sfiancheggiato dalla ragione, vsa qualche sorte d'arbitrio in moderar lo statuto, e tal volta alla prima bastonata ha comandato, che parli, facendo gratia dell'altre. All'ora se si scuopre qualche ingiustizia guai à quanti sono coloro, che hanno auuto parte in quella Sentenza, poiche assai dice lor buono, se vengono priuati d'vffizio, mentre il più delle volte la pagano con la testa.

L'interrogai se il sangue degli vltimi Re di China era spinto, al che soggiunse il Signor Carlo, che per alcuni s'era creduto, che vn figliuolo dell'vltimo Re si fosse ricouerato in vn'isola adiacente al regno, e che quiui ancora viuesse occultamente.

Disse, che la situatione di quell'isola era per sè sola bastante à conuincer la falsità di questa fauola, poiche essendo ella posta alla parte d'Oriente, sarebbe conuenuto trasportar questo Prencipe per vn camino di molti mesi sempre in mezzo al nemico, essendo per quella parte principalmente venuti i Tartari. Sapessi, che il Re suo padre allora regnante, come quegli, che viuea perduto dietro agli amori delle sue donne, le quali per non abbandonar d'vn solo passo non vsciua vna volta l'anno per la città, lasciando ogni cura, & amministrazione del gouerno à vn corpo tumultuante di dieci mila Eunuchi villani, i quali ribellatisi aueuano aperto la strada al Tartaro, e quegli occupate tre prouincie intere aueua già bloccato Pequin auanti che al Re ne giungesse nuoua; sorpreso dall' improuiso spauento de' nemici dopo auere impiccata vna sua figliuola, auer' impiccato sè per la gola in sù la porta del giardino del suo Palazzo, auendo prima scritto col sangue sù' vno de' stiualetti di damasco bianco, che aueua in piedi; Salute al nnouo Re, non si fidi de' miei consiglieri, ed abbia pietà del mio popolo. Così parimente essersi impiccata la Regina; e'l figliuolo, e vn'altra figliuola del Re venuti nelle mani del Tartaro essersi morti prigioni.

Domandammo del Casato degli antichi Re, e di quello della Casa Tartara presentemente regnante.

Al primo rispose essere stati della Casa Min, che significa chiarezza; replicò il Signor Carlo: Come dunque il P. Martini nella sua storia gli fà della Casa Taimin? Tai, soggiunse il Padre, è voce da sè, e significa stirpe, talche Tai min è lo stesso, che dire stirpe, ò famiglia Min. Così noi ancora diciamo stirpe Austriaca, stirpe Aragonese, &c. Al secondo ci rispose, che i Tartari non anno Casato distinguendosi col solo nome. Per tanto disse, che il padre di questo Re si chiamaua Xun Chi, cioè figliuolo del Cielo, e'l Re presente Tummin, che significa gran chiarezza.

L'interrogai, che ordine tenga il Re con le sue donne, e della legittimità de' figliuoli.

A quello delle donne mi rispose quasi con le parole de' Cantici al VI. Sexaginta sunt reginæ, & octoginta concubinæ, & adolescentularum non est numerus. La verità è, che il Re si tien quindici donne, le quali tutte si chiamano Regine. Tre ne sono però maggiori dell'altre, delle quali vna è la suprema. Questa si chiama Cinsì, e suona perfetta Regina. Dell'altre due; vna Tum-fì, Si-fì l'altra, cioè Regina Orientale, e Regina Occidentale. Queste due chiamansi Regine laterali, ed anno l'accesso alla suprema Regina parlandole però inginocchioni; l'altre dodici non le parlano mai, e se alcuna cosa vogliono significarle, ciò fanno per mezzo delle Regine laterali.

Dopo le Regine sono l'altre donne, delle quali non v'è numero determinato potendo esser più, e meno secondo l'vmor del Re; vero è, che non sono mai così poche, che non arriuino à qualche centinaio; stanno sotto la custodia delli Eunuchi. Quanto a' figliuoli non è preeminenza, che tenga di legittimità, ò primogenitura, tutti s'hanno per vgualmente legittimi, e primogenito è quello, che il Re s'elegge per successore. Il Represente è figliuolo di concubina, non eletto per mancanza d'altri, mà preferito dal Re suo padre poc' ore auanti di morire, à cinque figliuoli di Regine, de quali auendoli prima fatti venir auanti à se, niuno ne giudicò atto al gouerno; perloche discacciatigli dalla sua presenza, mandò à leuare il fanciullo, e la madre con la sedia reale, facendo quello salutar Re, e questa Regina Reggente, dichiarandole quattro Assistenti, ò dir vogliamo Tutori Tartari, il primo de' quali è detto per nome Samni.

Sù questo presi occasione di domandare della sepoltura del Re.

Il Re (replicò il Padre) non si seppellisce, s'abbrugia, seguitando in ciò l'vsanza de' Tartari. Il rogo non si fabbrica di catasta, mà di carta; ed è cosa incredibile à dire quanto sia vasto, douendosi abbruciare sopra di esso nello stesso tempo, che arde il corpo del Re, tutta la sua guardaroba, gli abiti, le gioie, il danaro (diremmo noi) dello stipo, e in somma dagli animali in fuora quanto auea seruito, seruiua, ed era fatto à fine di seruire al defunto Re.

Dodici Elefanti bardati superbamente con briglie tempestate di turchine, di smeraldi, di zaffiri, e d'altre pietre d'inestimabile valore, trecento Caualli, e cento Cameli vennero carichi del tesoro regio, il quale fù scaricato tutto sopra quella montagna di carta preparata per ardere. Dato che fù il fuoco, l'oro, l'argento liquefatto correua come fiumi con tanto impeto, che senza altre guardie si facea far largo alla moltitudine, trà la quale v'è sempre chi cerca di far vento à qualche cosa, e portar via vn po' di benedizione del morto; la qual cosa per impedire vi sono ordini rigorosissimi, e seuerissimi gastighi contro i delinquenti, auendo i Tartari grand' vbbia in vedere auanzar al fuoco, quant' è vn sol capo di spillo; e l'oro, e l'argento, che non possono consumarsi si rinuestono in tanta carta da ardere in processo di tempo all'anima del Re. La carta del rogo si fece vn conto, che importasse settanta mila scudi, e quaranta mila milioni il tesoro abbruciato con essa. Tre seruitori si danno all'anima del Re per seruirlo nell'altro mondo, i quali subito che egli è spirato, s'vccidono. Vn Consigliere, vn Cappellano, e vna Concubina. E in loro arbitrio lo scer la morte, che vogliono, benche quella del mozzar la testa sia l'ordinaria; anzi chi è condennato dalla Giustitia non è fatto morire altrimente, saluo i soldati, i quali è vsanza di strangolargli. De tre seruitori sudetti se ne trouano molti, che per affetto verso il Re, come anco per impulso d'vna superstitiosa religione, s'offeriscono alla morte; mà se s'abbattesse, che tutti ricusassero, in tal caso quelli, che in viia del Re furono fauoriti sopra gli altri, son tenuti à seguitarlo nell'altro mondo.

Domandai in quello, che consistessero principalmente l'entrate regie.

Disse, che in China tutta la campagna è in proprio de i contadini, i quali di i frutti, che ne raccolgono, pagano vna picciola decima al Re, & vn'altra à Mandarini, cioè a' nobili, che son Signori di castelli, de' quali è territorio quella campagna, nella quale essi viuono. Questa decima dunque, che danno al Re, ascende ad vna rendita inestimabile, alla quale s'aggiunge quella de' bestiami, i quali per tutto il regno sono del Re. Grandissime sono ancora l'entrate, che le rendono le grosse incette de' cotoni, e de' risi. In oltre le miniere della Prouincia di Tu-nan, che significa nuuola Australe, sono ricchissime d'oro, di zaffiri, di smeraldi, e di tutte l'altre gioie, de quali è fertile il paese, voglio dire il regno di Pegù, al quale questa prouincia è vicina; e finalmente incredibile è la quantità del danaro, che mettono le tre città di Tancena, Cauron, e Nanquin, che sono le principali Dogane del regno.

Si domandò come il Re si lasci vedere spesso per la città, e quante anime faccia Pequin.

Disse, che vna volta il mese era solito dar la mostra alle milizie, che formano la guardia del corpo; e che ciò fa egli medesimo in persona esercitandogli nello stesso tempo

à tirare à bersaglio. Questo esercizio si fà in alcune praterie, che sono trà vna muraglia,
e l'altra della città, la quale è fasciata di tre ordini di mura, delle quali l'esteriori sono
di mano in mano più basse, e tutte sono recinte da fossati d'acqua, e da prati bellissimi.
In questi dunque si mette vn fantoccio di legno, e il Re ordina così alli Arcieri, come
alli Moschettieri, che tirino in diuerse parti di quello, à chi dà à colpire vna mano, à chi
il capo à chi il petto v. g. se non lo colpisce alla prima, ritira la seconda, e la terza volta,
e se tutte tre le volte sfallisce, leua vn buon carico di legnate, ed è cassato dalla milizia.
Pequin al presente farà intorno à vn millione. Dicono che n'abbia fatti fino in noue,
ma non è credibile atteso il circuito della città, e la maniera delle loro abitazioni, le
quali non hann'altro, che vn solo piano.

Gli domandammo come cuoprano le loro fabriche.

Tutte di tegole, rispose; le case etiandio de' contadini non son coperte altrimenti. Le
tegole del Palazzo reale sono incrostate di color giallo, e variato, che di lontano fanno
bellissimo vedere, e toccate dal Sole sfauillano, come se fosser d'oro.

Domandai della Religion de' Chinesi.

Tutti, rispose, nel lor cuore son' idolatri, e tutti priuatamente adorano gli Idoli. E' ben
vero, che nell'esteriore apparischono tre diuerse sette. La prima è quella de' Letterati, i
quali professano di adorar vna suprema Sostanza, detta in lingua loro Sciax-Tì; queste
due parole scolpite in oro tengono collocate nelle lor Chiese, e queste professano d'adorare co'
sacrifizi, i quali tutti consistono in arder carta dorata, ò inargentata, ò bianca, ed
alcune sottilissime candelette di storace, e d'incenso. Mà come è detto, questa speciosa
ostentazione di nobil Religione è solamente nell'esterno, affine di distinguersi in sì fatta
guisa dagli altri, ed in specie da' Bonzi. Questa generazione di vomini trapassò in
China dall'India, gente superstiziosa, idolatra, e d'vna stolidissima credulità impastata.
Ebbero sù'l principio qualche sorte di credito trà Chinesi, come accade alle cose nuoue, e
ancora non ben conosciute; nè si può dire quanto conciliasse loro di venerazione, e di
stima la dottrina, che portarono della trasmigrazione dell'anime, benche non affatto
simile à quella professata dalla scuola de' Pitagorici. Mà insorgendo in processo di qualche
tempo i Letterati Chinesi, e anzi per astio, e per malignità contro i Bonzi, che per
sincero sentimento degli animi loro predicando, e promouendo il culto del loro Sciax-Tì,
poterono à poco à poco discreditar la Religione de' Bonzi, e metterli talmente in fauola,
che oggi in tutta la China non è gente di essi più abomineuole, e ignominiosa à segno
che vn'vomo onorato si guarderebbe di parlare, ò trattar con essi saluo, che in occasioni
di sepolture di morti, di sacrifizi, ò di processioni, le quali cirimonie si fanno tutte
mercenariamente da' Bonzi, e di quest'vltime costumano di farsi da qualche nobile in
occasione di nozze, ò di nascita di figliuoli, ò di simili altri lieti auuenimenti; e tutto
l'ordine della processione consiste in gran suoni fatti da percotimenti di metalli, mà
in vn vaghissimo ordine di banderuole con immagini d'Idoli, a' quali fanno onore
cantando inni alla loro vsanza, e abbruciando anch'essi carta, ed incenso. Questo medesimo
sacrifizio si fà ogni mattina da chi sia Bonzo, ò nobile, ò ignobile, ò letterato, allo
Spirito buono, ò al cattiuo, in sù l'vscia delle proprie case. In somma toltone quel gran
disprezzo, e atteso semplicemente la superstizione, ed i riti delle cerimonie scure, si può
dire i Bonzi esser quelli in China, ch'erano i Sacerdoti Toscani in Roma. La seconda setta,
che è la più vniuersale comprendendo i nobili, e cittadini, la plebe, i villani, e in somma
ogni sorte d'vomini, onora le anime de' lor passati, alle quali fanno continui sacrifici, e.
così nelle Chiese, come nelle proprie case: à questo perche non offenda, ò non nuoca; à
quello perche aiuti, e difenda. La terza setta è quella, che già s'è detta de' Bonzi per
meri, e puri idolatri.

L'interrogammo di quel che credono dopo morte.

Bene à tutti, rispose, cioè sapienza, e piaceri; mà non diuisan più oltre, doue, e come
vengano all'anime questi beni, basta che le credono eterne, e immortali. Dunque,
soggiunse il Signor Carlo, poiche non v'è distinzione dal giusto all'ingiusto, come non

la danno tutti pe'l mezzo per godere in questo mondo, e nell'altro? Dal mal fare, replicò
il Padre, niun'altra cosa gli trattiene, che le pene temporali. Credono ben sì, che vi sia
una spezie d'Inferno, doue l'anime de' cattiui siano tormentate; mà hanno il segreto da
redimer la pena in questa vita, onde lo Spirito tormentatore è sempre ozioso, e scioperato.
Fuori di Pequin (e il simile nelle altre città principali) vi è una grandissima fabbrica d'un
tempio spartito in più di trecento cappelle picciolissime; ogni mestiere vi hà la sua, e non
solamente i mestieri, mà ogni condizione di persona ò nobile, ò ignobile, ò letterato ve l'hà:
hannouela i Cortigiani, gli Vfficiali, i Soldati, i Tribunali, i Giudici; in somma i poueri,
& i mendici ve l'hanno. Quini dunque credono, che alberghi lo Spirito tormentatore
dell'anime di coloro, che viuono malamente in quella professione. Il sarto dunque, che
ruba, fà una piccola offerta allo Spirito punitore de' sarti, ed è libero. Lo Spirito non
mangia, mangia bene il Bonzo, che n'è custode. Il simile fà l'Auditore, il Giudice, che
dà la sentenza ingiusta, il fattore, il maestro di casa, che ruba al padrone; così
vengono à farsi due beni, à liberarsi l'anima da' tormenti, e à pascere una infinità di
poltroni, che se non fosse questa ladronaia di ricomprar la pena, anderebbono mendicando
il pane.

Domandai se trà Chinesi v'erano instituti di vita religiosa.

Trà Chinesi, tanto disse, non v'è altra spezie di Religiosi, che i Bonzi, i quali in
realtà sono sciaguratissimi uomini per l'infame congiungimento co' fanciulli, essendo nel
resto così vaghi delle donne, come i can delle mazze. Vien'aiutata questa loro pessima
inclinazione dalla commodità, che si hanno per essere i giouanetti commessi alla loro cura,
come a' Pedanti: e trà essi, e quei letterati, che insegnano loro le scienze, vi sò dire,
che ne fanno macello; tanto più, che questa bellissim'arte è hoggi tanto accreditata non
meno trà i Tartari, che trà Chinesi, che non se l'arrecano più à vituperio, tenendone,
per così dire, publiche accademie; e in Persia si sono sfacciati à tal segno, che sposano
publicamente i fanciulli, come si fà delle donne, e tirano dote da i padri loro. Mà per
tornare a' Religiosi, è da sapere, che anche i Tartari hanno i loro Sacerdoti corrispondenti
a' Bonzi, presso a' quali è l'amministrazione de' sacrifizi. Questi vanno vestiti di giallo,
ò di rosso con toghe fino in terra, e maniconi larghi. Vsano alcune mitre di carta, mà
per lo più vanno in zucca, e sempre scalzi. In somma il lor'abito è assai simile à quello,
col quale soglionsi dipinger gli Apostoli. Questa regola di Religione abbraccia sotto di sè
monasteri di donne, tutte però Tartare, le quali viuono in clausura sopra montagne
asprissime, se non quanto da lor Superiori, che sono di questa razza de' Sacerdoti, sono
dispensate d'andar in cerca, limosinando per le città, od altri luoghi abitati. Quelle, che
sono destinate à quest'uffizio sono sempre delle più vecchie. Tutte fanno i voti d'obedienza,
pouertà, e castità. Portano il capo scoperto, tonduto in giro al par dell'orecchio. Il taglio
dell'abito è simile à quello de' Bonzi, cioè toghe fino à terra, e maniconi grandissimi; il
colore però è rosso, doue quel de' Bonzi è simile al bigio.

Si domandò delle scienze de' Chinesi.

Primieramente, rispose, vi sono l'opere di confuso, che viene à esser trà loro quel, che
è Aristotele trà frati. Quest'autore visse intorno à tre mil'anni sono, e dettò una spezie
di Filosofia morale alterata però con diuersi ingredienti di Teologia, e Filosofia naturale.
Oggi viue il sessantesimo terzo discendente di confuso, ed io l'hò veduto. E signore di
ricchissimi feudi, ed hà titolo di Principe; che in tale stato colocarono i Re di China in
antichissimi tempi questa famiglia per la superstiziosa venerazione di cotant'uomo. Oltre
alla dottrina di confuso attendono grandemente alla scienza de' numeri, ed hanno un'
ignobile spezie di Geometria, non dimostrante, mà dirigente semplicemente la pratica
delle operationi mecaniche, e trà queste delle più grossolane, poiche nè della prospettiua,
nè dell'altre parti dell'Ottica non hanno alcun lume. Dal che si puol facilmente argomentare
l'eccellenza non meno delle lor pitture, che delle fabbriche. Tutto il lor feruore consiste nelle
false scienze di pura opinione, come è à dire Chiromanzia, Metoposcopia, Magia, e simili:
mà sopra tutto in Astrologia iudiciaria si piccano d'eccellenti maestri.

Lo pregammo à dirci qualche cosa della lingua, e del loro alfabeto.

Quanto alla lingua replicò esser poverissima, non arriuando assolutamente à quattrocento vocaboli. Disse, che i nomi sono indeclinabili, e i verbi non coniugarsi altrimenti, che per infiniti. Dunque, rispos'io subito, se V. Paternità mi dice di voler ancora star in Firenze otto giorni, à me dà l'animo d'apprendere così bene la lingua da farmi scambiare per vn Chinese. Si, rispose il Padre ridendo; mà V.S. auuerta poi à non dir porco à vno pensando di dirli Signore. E quì prese à dirci come tutta la forza della fauella Chinese consiste nella diuersità degli accenti, de' spiriti, dell'inflessioni, de' tuoni, dell'aspirazioni, e d'altri simili accidenti delle voci, i quali sono per così dire infiniti. Per ragion d'esempio Ciu proferito così non hà significazione alcuna; Ciuuuu proferito col prolongar quell'u sempre inacutandolo, val Signore; Ciu con l'u prodotto, mà fatto successiuamente più graue significa sala; Ciuuuu con l'u prolongato, mà conseruatoli l'istesso tuono, vuol dir porco: Ciu detto velocissimamente, e per così dire sputato più tosto, che proferito, suona l'istesso che cucina; e finalmente Ciu prima aggrauato, e poscia inacuito significa i piedi d'vna seggiola. Or vedete, seguitò à dire il Padre, come vn sol vocabolo dà in cinque? Così Tien pronunziato anch'esso come egli è scritto, non è nulla; prodotto l'n sù l'acuto, sì che faccia Ti—en, vuol dir dolce; accentato l'i in questa forma Ti-en, è il pane; Tien scoccato dalle labia come saetta, significa vn sostegno d'vna tauola, d'vn letto, ò di che che sia. Quanto vi è di buono, tutte le parole son monosillabe, se bene s'accoppiano talmente l'vna con l'altra, e con cert'ordine fisso, e determinato, che in apprendere si richiede vn studio faticosissimo; il peggio è, che non hanno caratteri, nè alfabeto, e tutto esprimon con cifre, delle quali non solamente ogni parola hà la sua, mà moltissimi accoppiamenti di due, e tre parole, e moltissimi sensi, e periodi interi hanno le loro. Quindi è, che quelle cinque cose, che si esprimono con la voce Ciu variamente aspirata, per la mancanza dell'alfabeto conuien loro scriuerle con cinque cifre diuerse, doue noi per via di varie signature d'accenti (che le medesime seruirebbero ad altre voci, che andassero similmente accentate) à bastanza le distingueremmo, benche la scrittura fosse sempre l'istessa, cioè Ciu. Così per esempio con porre vn semplicissimo accento sù l'i da balìa, distinguiamo balìa; e quel che è più bello ancora, qnantunque la voce Parti abbia tanti significati, noi con tutto ciò senza verun'accento in tutti la scriuiamo nello stesso modo, cauando dal contesto delle parole il suo vero significato; il che potrebbono anche fare i Chinesi, se non auessero quest'infelicità d'esser priui dell'alfabeto. E per ritornare alla voce Ciù oltre alle cinque diuerse cifre -. `. . ` . v. de' suoi cinque diuersi significati non sempre, che si vorrà scriuer Signore, sarà buona la cifra di Ciu quando vuol dir Signore: perche s'io vorrò scriuere Buon dì Signore, non mi varrò della cifra, e carattere di buono, non di quello di dì, non di quello di Signore; mà ne torrò vno semplicissimo, e diuerso da tutti questi, il quale da per se solo esprime l'accoppiamento di queste tre parole Buon dì Signore: e se vorrò dire, Si Signore, lascerò parimente la cifra ordinaria di si, e quella di Signore, e ne torrò vn'altra significatiua di questo congiungimento delle due voci, si Signore. Or veggasi quanti caratteri auerebbe in se questa voce Ciu in senso di Signore, de' quali vn solo la conterrà vnicamente, e tutti gli altri dirò così cumulatiuamente con altre voci; e lo stesso seguendo negli altri quattro significati della voce Ciu, si consideri, che moltiplicè è mai questo di cifre, e di caratteri significanti, ò vnicamente, ò vnitamente con altre voci il corpo d'vn sol vocabolo, il quale noi in qualunque significato, quando ben n'auesse vn migliaio, scriueremmo sempre con tre modi di lettere. Di quì nasce, che in China s'apprende più difficilmente il leggere, che lo scriuere; poiche à scriuer tanto, che basti per esser inteso, serue il sapere i caratteri semplici delle parole, i quali accoppiando successiuamente l'vn dopo l'altro s'arriua à farsi intendere; benche questa sia vna forma di scrittura ignobile, e da plebei. Mà per leggere i libri, e le scritture de' nobili, e de' letterati, conuien sapere non solamente le cifre, mà le composizioni ancora, delle quali se ne contano fino in settanta quattro milia; e di queste chi più ne sà è più riputato dotto; ed è veramente, potendo legger, e intender più libri degli altri. Di quì nasce la

somma

ſomma difficoltà d'apprender queſta lingua , mentre non eſſendoui alfabeto , non vi poſſono eſſer vocabulari , che inſegnino la traduzione de' vocaboli , i quali biſogna imparare col ſentirgli dalla viua voce , e col prouarſi , e riprouarſi à dirgli , e ridirgli come i Papagalli. I PP. della Compagnia hanno fatto ſtampare vna ſpezie di Catechiſmo , ed alcuni dialoghi ; quello per apprendere i termini per diſcorrer le coſe della Fede , à fine d'ammaeſtrar in eſſa i Chineſi ; queſti per imparar quei vocaboli , che occorrono più frequentemente ne' diſcorſi ordinarij , e nell'vſo del viuer ciuile. Tutto queſto ſi conſeguiſce aſſai ſufficientemente con la cognizione di ſoli noue mila caratteri , che tanti ne verrano ad eſſer in queſto libro.

Sù queſto ragionamento vſcitomi l'vmore di voler' imparar' il Chineſe in ſei giorni , m'entrò in quello ſcambio vna grandiſſima adombrazione di mente , che non mi laſciaua arriuar à concepire , non che finir d'intendere com' eſſer poſſibile , che la vita d'un' vomo baſtaſſe per imparar' à conoſcere vna moltitudine così vaſta d'intrigatiſſime cifre , e la mente foſſe capace di ritenerne la formazione , e l'intelligenza. E mentre andaua tra me ruminando per ritrouar qualche eſempio ſimile tra di noi , col quale mi riuſciſſe d'aſſettarmi nella fantaſia l'ordine marauiglioſo di queſta coſa , mi ſucceſſe felicemente di rauuiſarne vna perfettiſſima ſimiglianza nella numeroſiſſima ſerie delle figure geometriche , le quali per intricate ch'elle ſiano di linee , di triangoli , di quadrati , e di cerchi , e d'altri innumerabili figure , che naſcano dall'accozzarſi , e ſegarſi ſcambieuolmente i tratti , che ſi richieggono alla coſtruzione di eſſe , nondimeno à prima viſta non ſolo mi vien' in mente ciò che per eſſe dimoſtraſi , mà tutto il progreſſo ancora della dimoſtrazione ; e tutto quello (che più marauiglioſa coſa è) che fù neceſſario à dimoſtrarſi con vn grandiſſimo numero di altre figure , delle quali niuna nè appariſce , perche quanto in eſſe fù dimoſtrato , quiui ſemplicemente ſi preſuppone : e non ſolamente diuerſe cifre , e figure ſignificano coſe diuerſe , mà la medeſima etiandio diuerſiſſime ne rappreſenta , conſiderando talora vna ſteſſa linea retta e come baſe d'vn triangolo , e come diametro d'vn cerchio , e come aſſe d'vn'onato , e come lato retto d'vna parabola , e come traſuerſo d'un' altra. Conſiderazione , che di quanto mi fece creſcer la forza marauiglioſa dell'vmano intendimento , altrettanto m'attutì la marauiglia de' periti nelle lettere Chineſi , poiche doue quelle contengono in vn modo aſſai groſſolano vn numero determinato di ſei , ò ſette parole , ò di dieci , ò quindici , ſe pur v'arriuano , queſte hanno in ſe , mà in vna maniera più nobile , ed eminente vn' ordine così vaſto di verità demoſtrate , che à condurueſi per via di ragionamento bene ſpeſſo migliaia , e migliaia di parole non baſterebbono. Ora ſi come trouanſi moltiſſimi Geometri , i quali non che tutte le figure d'Euclide , quelle d'Archimede , e d'Appollonio , hanno in mente , e di più innumerabili altre de' loro trouati particolari , all'aſpetto di ciaſcuna delle rinuengonſi ſubito in quel ch'elle ſono , e rigirandoſi con la mente ſù quelle linee , ſcorrono in vn'iſtante per vn lunghiſſimo rigiro di propoſizioni , e di ragionamenti ; e così m'accorſi non eſſer gran fatto da marauigliarſi , che ſiano alcuni vomini , i quali in niun' altra coſa occupandoſi per tutto il corſo della lor vita , che infermarſi nella fantaſia le ſpezie d'vna quantità di caratteri , rieſca loro finalmente di ritenerli , e francamente conoſcerli. Mà è da ritornare al propoſito , imperoche aſſai diuagato ſono.

Venne il Padre Giouanni à diſcorrere de' matrimonij , intorno a' quali ci diſſe , che tutti i Chineſi peruenuti all'età di 18. anni incirca pigliano vna moglie , la quale ſola è la legittima , e da queſta riceuono dote proporzionata allo ſtato delle loro facoltà : poſſono però ripudiarla , mà con reſtituir la dote. Il padre , che marita vna figliuola non iſperi più riuederla ; la chiude in vna ſpezie di ſeggiola , della quale conſegna la chiaue à quella donna , che hà trattato il parentado (giache tutti i parentadi ſi trattano per via di donne deſtinate alla ſenſeria de' matrimonij) e queſta la conſegna al marito , il quale non apre la ſeggiola ſe non in camera. Le donne nobili di rado eſcono di caſa , e vſcendo ò vanno in lettiga , ò à cauallo , ò ſù gli aſini , mà ſempre coperte. Quelle che ſon più di baſſo vanno fuori più ſpeſſo , e à piedi , mà coperte anch'eſſe ; il che fanno per inſino le publiche concubine , quando paſſano dalle lor caſe in quelle delle ruffiane per far' iui copia di ſe à chi hà trattato di volerle. Mà ritornando a' matrimonij è da ſapere , che preſa ch'egli

IV. *Partie.* B

hanno *moglie*, è lecito loro di tenerſi quante concubine vogliono, le quali ſono di due
ſorti; altre libere, ed altre ſchiaue. Le libere ſono vniuerſalmente figliuole baſtarde de'
nobili, e di perſone ciuili, che per iſgrauarſi della numeroſa famiglia, che produce loro
il grandiſſimo numero delle concubine, locano altresì per concubine le femine con dote
aſſai leggiera, la quale i mariti (dirò così) che le pigliano non hanno obligo di reſtituire
in caſo di repudio. I figliuoli che n'hanno auuti rimangono appreſſo il padre; e ſe
vogliono disfarſene con la madre, ſon tenuti à dar loro vn tanto per gli alimenti. Le
concubine ſchiaue ſono figliuole de' contadini, i quali per iſgrauarſi anch'eſſi de' lor
figliuoli, gli ſtroppi, ò in qualunque altro modo difettoſi della perſona, annegano in faſce,
e gli altri tanto maſchi, quanto femmine portano alla città per vendergli, i maſchi per
ſeruitori, le femmine per concubine, e di queſte con 15. ſcudi ſi sfioriſce la piazza.
Queſta condizione di donne è aſſai miſerabile, eſſendo che per le caſe fanno da mule,
e da aſine in portar' acqua, e far tutti gli altri miniſterij più vili, e più faticoſi. Se il
padrone le vuol conoſcere, non poſſono ricuſare, eſſendo ſtate comprate principalmente
per queſto, benche di rado ſi meſcolino con eſſe loro : con tutto ciò ſe foſſero colte in fallo
co'ſeruitori, ò con altri, la teſta è meſſa loro a'piedi. I Religioſi Cattolici ſi ſeruono di
queſte più che d'altre perſone per inſinuar le coſe della noſtra Fede alle mogli, e figliuoli
de' nobili lor ſignori, nel che s'adoperano molto bene, e molte di queſte medeſime concubine
ſi conuertono nel lor cuore : mà non per queſto è lecito di batteʒarle, per l'obligo ch'elle
hanno di ſtar ſempre diſpoſte à far' il piacere de' loro padroni.

Sù queſto l'addimandammo lo ſtato preſente della Religion Cattolica nel regno di China,
e del numero de' Predicatori Euangelici.

Ci ragguagliò come la Fede Cattolica ſi profeſſa liberamente per tutto il regno, e che
in tutte le noſtre Chieſe vi è la copia del diploma reale approuante tal Religione, ſcolpito
in pietra in luogo aſſai coſpicuo. Diſſe i Chriſtiani eſſere auuti in grandiſſima veneraʒione
in tutte le prouincie, ed eſſer lecito à tutti così Tartari, come Chineſi d'abbracciar la
Fede ſenza nota d'infamia : Che tra i Letterati Chineſi, ed i noſtri Religioſi paſſa vn'
ottima corriſpondenza, nè auer più dura emulaʒione, che con la vil canaglia de' Bonzi.
E quanto al numero de' Predicatori riſpoſe d'auer laſciato nel regno 26. Geſuiti, de' quali
quattro in Pequin con due Laici Chineſi, ſei Domenicani, e due Zoccolanti. Il lor'abito
è come quello de' Letterati, cioè robboni fino in terra di dommaſco bianco. Tra i quattro
Sacerdoti Gieſuiti di Pequin v'è il P. Gio. Adamo Fiamingo, il quale ſono 45. anni, ch'è in
China, vomo vgualmente caro al Re, & al popolo, e ſommamente riſpettato da' Miniſtri.

Di qui paſſammo à dimandare delle monete, del peſo, della miſura, e del viuere.

Riſpoſe eſſerui vna ſpeʒie di moneta coniata, detta Cuxa. Queſta è di vna lega baſſiſſima
di metallo, e corriſponde al noſtro Quattrin nero. Da vna parte vi è improntato il nome del
Re, dall'altra il nome della moneta. Trecento di queſte fanno vn Lexu, che è vno Scudo de'
noſtri. Vn Lexu ſi diuide in dieci Zien, vn Zien in otto Fueu, vn Fueu in . . . . .
Caxa. Del reſto ſi ſpende oro, e argento, del quale ſi taglia à peſo, portando à queſt'effetto
ciaſcuno nelli ſtiualetti ciſoie, e bilancie. La libra Chineſe è 16. delle noſtre oncie. La miſura
ordinaria è il cubito. Il viuere è à buoniſſimo prezzo, così nel vitto, come nel veſtito; con
cinque Fuca, che ſaranno da cinque delle noſtre craʒie, s'auerà vna gallina raggiunta.

L'interrogammo ſopra il mangiare de' Chineſi, e delle loro beuande.

Primieramente, riſpoſe, per farmi dalle beuande, non hanno vino, benche abbiano di
belliſſime vue. Nè facciam bene noi altri Europei, e ſi nè beuiamo ancora, mà di ſoppiato,
poiche la ſuperbia di quella nazione hà ſtabilito per legge, che ſia punito con ſeueriſſimi
gaſtighi qualunque tenta introdurre nuoue vſanze nel vitto, ò introdotte d'apprenderle, e
praticarle. Le lor beuande ſono il Tè, ed il vino di riſo, il qual cauano veriſimilmente
per maceraʒione, e diſtillamento. Diſſi veriſimilmente, non eſſendo ammeſſo ad apprendere il
ſegreto di neſſun' arte, ſe non colui, che giura di profeſſarla; e l'inoſſeruanza di tal
giuramento non ſi puniſce più leggiermente, che con la vita. Beon ſempre bollente, e
per maggior delizia tengono la beuanda sù'l fuoco in alcuni vaſi preſſo alla tauola.

La'State mettono nel bicchiere vn pezzo di ghiaccio, mà non ve lo lasciano star quaſi punto per non perder la delizia di ber ſtemperatamente caldo, baſtando loro, che il vino ne tiri il freddo virtuale, per refrigerio dello ſtomacho, il qual freddo virtuale credono, che l'attragga in iſtante. Quindi vſano di conſeruar il ghiaccio, come facciam noi, il qual ſi vende per la città à viliſimo prezzo. Raffreddano ben li frutti con vn pò più garbo, amandoli fortiſimamente agghiacciati: mà ritornando al bere, il vin di riſo è bianco, limpido, e tirato com'ambra, e tinto d'vn color giallo aurino belliſimo; hà vn ſapore aſſai delicato, e ve n'è di quello così potente, che ſuccede cambiarlo anche à noi altri Europei da vn vin di Spagna. Le perſone ordinarie beono in terra; i nobili in oro, e in argento intagliati aſſai goffamente à bolino; e i ſignori grandi in corno di Rinoceronte liſcio, ò lauorato d'intaglio con legature d'oro intarſiate riccamente di gioie.
Per quello poi s'appartiene a' cibi, v'è d'ogni bene, niuna coſa mancando loro di quel, che noi abbiamo. Abbondano primieramente d'ottimo formento; hanno tutti i noſtri carnaggi, e le ſaluaticine, tutti gli agrumi, le frutte, e gli ortaggi; e ſe foſſe che fargli le moluche, che con la gran copia delle ſpezierie farebbon loro ſquiſitiſſimi li condimenti. E pure del grano non arriuano à ſaperne far pane, quantunque ne faccian farina, mangiando in quello ſcambio del riſo cotto in acqua, e poſcia abbruſtolito, e riſecco, ſpruzzandoſene in bocca con alcuni baſtoncini, che adoperano in cambio di forchetta da vna ciotola, che tengon piena con la man manca, e ciò fanno dietro ad ogni boccone di carne, ò d'altra coſa, che mangiano; mà niuna coſa è più inſipida delle lor viuande. Il tutto cucinan leſſo, e nello ſteſſo paiolo v'è il porco, la lepre, il peſce, la vitella, e'l fagiano, ſopra de' quali il buon cuoco bada à rifonder acqua tanta, che ſian cotti, e del brodo di quella ſaporatiſſim'oglia imbandiſce per ciaſcuno vna ciotola in luogo di mineſtra. La carne, che ſi mangia più comunemente è quella di porco. Il caſtrato è ancore in gran credito. La pouertà mangia dell'aſino, de' cani, de' gatti, eſſendoui beccarie ſeparate per tutte le ſorti di carni. I peducci di cane ſecchi, e ſfumati, come le noſtre anguille, ſono vn cibo ſtimatiſſimo, e le ſerne per ſcaldar, e corroborar lo ſtomaco. Si ſerue in piatti ſeparatamente, cioè vna ſorte di carne per piatto. I condimenti ordinarij ſon due; vno è vn certo cacio di fagiuoli, il qual ſi fà in queſto modo. Mettonſi i fagiuoli ad infradiciare in acqua, e quando hanno fatta al di ſopra vna certa ſpezie di pelle verde, e che dentro à rimeſcolarli ottimamente ſon macerati, ſi paſſano per iſtraccio aſſai fitto ſopra vaſi pieni d'acqua, nella quale cade quel paſſume più fine, reſtando nello ſtaccio la ſcorza. Or queſta paſta ſi conſerua per vſo di condir le carni, mettendoſene in quantità nel paiuolo, mentre ſi cuocono, e ſi può dir, che ſia il lor ſale, non adoprandone d'altra ſorte, quantunque nelle prouincie più Occidentali abbiano abbondanza di pozzi, e di fontane ſalmaſtre. L'altro condimento è vna ſalſa detta Mi-ſſo, fatta di farina di grano corrotta, la quale hà vn puzzo così orrendo, e ſtomacheuole, che ſi cambierebbe tal volta da più fetidi eſcrementi. Queſta non ſi mette nelle pentole, mà ſi ſerue in tauola in piatti ſeparati, intigniendouiſi per delizia i bocconi, come ſi fà da noi nella moſtarda, e nel ribes. Ne' banchetti, e nelle tauole de' ſignori grandi vſa di regalare i piatti, e tutto il regalo conſiſte in fiorir le viuande d'vna di queſte amouuer coſe, ò di riſi, ò d'erbucci, ò d'voua ſode in piccatiglio, ò di touaglioli minutiſſimi di frittate ſottili com'oſtia. Mà Iddio ne guardi' lor banchetti, i quali ſon propriamente vna morte, e chi gli frequentaſſe troppo ſpeſſo penerebbe poco à morirſi di fame. Quindi è, che da' conuitati s'vſa di far in caſa vna buona refeZione per non patir l'inedia. Nella ſala deſtinata al conuito ſono diſpoſte intorno le tauole, à niuna delle quali ſiedono più di tre conuitati, e'l padron di caſa ſiede ſolo nell' vltima. Non vſano touaglie d'alcuna ſorte, in ſù la tauola nuda tante ſono poſate, quante ſono ſeggiole all'intorno. Le poſate conſiſtono in vna tazza per bere, vna ciotola di riſo, il piatto del Mi-ſſa, e i due baſtoncini di legno, che diſſi ſeruir' in cambio di forchetta. Tutto il vaſſallamento è di porcellana, tanto quello del Re, che del più inſimo Artiere, e tutta la diſtinzione è nell'eſſer più ò meno fina. Poſti che ſono à ſedere i conuitati entra lo ſcalco col primo ſeruizio, e quello diſtribuito per tutte le tauole dà il ſegno di

IV. Partie.   B ij cominciare à mangiare, auanti al quale chi ſtendeſſe la mano al piatto v'aurebbe vna buona mortificazione, oltre alla taccia di goloſo, e di malcreato. Queſto ſegno non è altro, che dire Ziu, che ſignifica inuito, al che tutti vnitamente riſpondono ziu ziu ziu ziu, dicendoſelo vicendeuolmente l'vn l'altro, come fanno i Preti all'altare nell'abbracciarſi, e darſi la pace. Detto queſto tutti in vno iſteſſo tempo arriuano della viuanda, e ſi mettono in bocca il boccone, e ſe alcuno non và a tempo con gli altri, lo ſcalco grida ſeco à teſta, conſiſtendo in ciò vna gran parte della ſua lode, che ſi mangi, e ſi beua à tempo, ſenza di che il conuito ſi direbbe mal ſeruito, e diſordinato. Come pare allo ſcalco, che ſi ſia mangiato à ſufficienza d'vna viuanda, fà ſeruire il ſecondo piatto, e dopo queſto il terzo con far' oſſeruar ſempre le medeſime ſtitiche cirimonie: e quando par à lui far dar da bere, il che parimente farſi à tempo di battuta, replicandoſi il ſolito inuito ziu ziu auanti, e dopo che ſi è beuuto con obligo di moſtrar voto il bicchiere. Alla prima beuuta entrano i Comedianti, de' quali altri ſono publici, e che vanno à rappreſentar per le caſe mercenariamente; altri ſon trattenuti da ſignori particolari, trà quali i più qualificati tengono vna, ò più compagnie d'Iſtrioni, come ſi tengono le bande de' violoni in Francia. Queſti (che ſono ſuperbamente veſtiti) vanno ſubito à quegli, che ſiede nel più degno luogo, e meſſogli auanti il libro delle lor comedie, gli chieggono, che dica loro il ſoggetto, ch'egli hanno à rappreſentare. Queſti per atto di ciuiltà li manda ad vn' altro, tanto che ſi conducono al padron di caſa, il qual finalmente dice, che recitino la comedia, che vogliono. Queſta durerà vn quarto d'ora, ed i ſoggetti ſon cauati per lo più da' fatti de' lor Re, e Regine. Finita la comedia torna lo ſcalco con altre viuande, e come s'è di nuouo mangiato, e beuuto tornano i Comedianti, e replicata la ſteſſa filatera di cerimonia di domandare à tutti, che s'aſſegni loro il ſoggetto, rappreſentano vn' altra comedia, la qual terminata vien di nuouo lo ſcalco, e durando queſto diletteuol giuoco la pouertà di ſei, ò ſett'ore, in capo alle quali ciaſcuno ſi torna à caſa affamato, e ripieno d'accidia, cagionata da vn ſi gentile, e grazioſo trattenimento. Vna coſa laſciaua in dietro (ſeguitò tuttauia il Padre dicendo) che in China non hanno olini, onde ſi ſeruono di tre ſorti d'olio. Le perſone ricche mangian' olio di gelſomini, che è vn liquore delicatiſſimo, e dolce, cauato (non ſò poi dir come) dagli ſteſſi fiori, de' quali v'hanno quell'abbondanza, ch'abbiamo noi di pruni, e d'ortica. La gente più baſſa adopra vn' altr' olio di certo ſpezie detto Telſelin, che è vna ſpezie del diſeſamo, ed è alquanto amarognolo. I contadini come in Polonia conſumano per lo più olio di lino, ò d'vn' altro liquore, che ſi caua da vna pianta, detto in lingua loro Ma-ſeù, che è fetidiſſimo. Non mangiano inſalata, nè altre erbe crude; conſeruano ben ſi le frutte in certa ſalamoia ſenza ſale, fatta d'aceto. In ſomma nel mangiare hanno vn guſto ſporchiſſimo; e noi altri quando ci vien donata qualche lepre, ò fagiano non dandoci il cuore di vederli ſtraziare al noſtro cuoco Chineſe, l'infilziamo da per noi ſteſſi nello ſchidone, cuocendoli, e mangiandogli nella più ripoſta camera, e abbiamo coteſt' ordine, che in quel tempo non s'apra à neſſuno, ſaluo che a' mandati dal Re, de' quali ſe alcuno à ſorte ne veniſſe, tenghiamo vno alla fineſtra, che vedendolo comparir da lontano, corra ſubito ad auuiſarci.

E gran coſa, replicò il Signor Carlo, che auendo tant' abbondanza di pecore, e di vacche non ſappiano almeno fornir' in guiſa i laticini, che non abbiano à tor de' fagiuoli fradici per far il cacio.

Tant'è, riſpoſe il Padre; queſto naſce dalla lor ſuperbia. Penſi V. S. ſe s'indurrebbono à imparar coſa alcuna da' foreſtieri, e in particolare da' Tartari, i quali per queſto ſolo, che fanno il cacio, non ſarà mai, che ſi mettano à farlo i Chineſi per l'odio della nazion regnante. Io non ſo già con tutto queſto s'io mangiaſſi più volentieri i laticini de' Tartari, ò 'l cacio de' Chineſi, eſſendo inſoffribile il puzzo di quello. Vſano di farlo à ciambelle, delle quali n'infilzano à centinaia in vna corda, e coſi lo tengono in peſo d'auanti alle botteghe per venderlo; e coſi ſodo, e impietrito, che à batterlo nel muro auerrà facilmente, che ſi ſcroſti prima il muro, che il cacio. Quando vogliono mangiarlo lo mettono à rinuenir sù'l fuoco, doue si rammorbidisce, come cera. Egli è ben vero, che quanto a' Chinesi son grossolani in mangiare, e in bere, altrettanto sono i squisiti in dormire. L'Inuerno mettono la materazza di bombagia sù certi fornelli, ò stufe quadre, dette in lingua Chinese Caù, sotto le quali mantengono vn fuoco assai temperato. Hanno lenzuola come tutte l'altre biancherie di bombagia finissime, che del lino non si seruono ad altro, ch'à far olio, è della canapa funi. Alle cantonate del caù vi sono le sue colonne, come à nostri letti, e al palco tengono attaccati i padiglioni detti Cai ià, l'Inuerno di drappo, e d'altra cosa graue; la State di velo finissimo per le zenzare, e le mosche. Passato il freddo trasportano le materazze dal caù sopra panche, e tauole, come le nostre; e nel cuor della State in vece di bombagia riempiono le materazze di vna spezie d'aliga secca, mà soffice, e delicata più della seta, la qual tien' vn fresco marauiglioso. Galantissima è la foggia de' piumacci, e de' guanciali parimente la State, essendo intrecciate di sottilissime fuerze di canna marina, ò d'India, che dir vogliamo dentro voti, e solamente ripieni d'aria. Questa è vna delizia incredibile, son lisci come vna pietra morbidi, e auuallan pochissimo, il capo perciò non riman sepolto nel rialzamento de' guanciali; oltre di che brandiscon sempre, sì che pare d'auer la testa per così dire in sù gli archi; e riuoltandosi da vna in vn' altra parte, secondo che cedono, e ritornano si fanno mantici dell'aria fresca, la quale trapelando tra' fossi di quell'intrecciatura spira d'intorno al volto con fiati così piacciuoli, ch'è vna delizia troppo grande. E non solamente ne' letti, mà in sù le seggie ancora s'adagiano molto delicatamente. Queste hanno i fusti di legno, e le spalliere delle sudette fuerze di canna; sono d'vna foggia assai comoda per sedere, mà più grosse, e forti, e meno arrendeuoli de' guanciali à proporzione del maggior peso, che hanno di sostenere; fanno però arco esse ancora, ond'è bellissimo lo starui. I Tartari però non vogliono tante delizie, dormendo sù tapeti in terra, come fanno i Turchi.

Gli domandai come era maestoso il soglio doue risiede il Re nelle funzioni publiche.

Disse, che i Re Chinesi aueuano gran lusso in questa cosa, mà che questi Re Tartari siedono in terra alla soldatesca sopra vn guanciale.

L'interrogò il Signor Carlo, in che cosa auessero il maggior lusso i Chinesi.

Rispose, che nell'accompagnature de' funerali; prima nel gran consumo delle cere, e nell'abbruciamento degli odori, e nella manifattura delle statue, e d'altri trionfi di legno, e di cenci, che portano auanti al morto, e sopra tutto nelle casse, doue ripongono il morto, fabbricandole di legni preziosi, come d'aloe, di sandali rossi, e di bianchi, e d'altre piante rarissime, e d'inestimabil valore, e ciò in vece d'inbalsamargli.

Chiesi della qualità dell'aria, e della lunghezza del viuer loro.

L'aria, soggiunse, è vniuersalmente buona, e che sia il vero, i contadini, che hanno meno disordini arriuano all'vltima vecchiaia, e moltissimi ve ne sono, che arriuano al centinaio. I nobili di quarant'vn' anni son vecchi, di cinquanta son decrepiti, e ciò per le continue dissolutezze con le lor donne, alle quali aggiungono il disordine del mangiare, e del bere, di che sono intemperantissimi. Le gentildonne poi di rado sogliono arriuare à trent'anni, il che nasce da vna bestiale vsanza di fasciatura di piedi, nella picciolezza de' quali consistendo ogni pregio della bellezza, come che niun'altra parte del corpo si vede loro scoperta. Le madri subito nate se gl'arrandellano in sì gentil maniera, che impedendo alle vene, e a' canali degli altri vmori il debito crescimento trattenuta in gran parte per la loro strettezza (sì come è da credere) la circolazione del sangue tutte le parti, e le viscere, che n'auerebbono ad esser inaffiate, beondone à stento non si supplisce à vn gran pezzo nel ristorarle, à quanto di esse và via continuamente, e per la forza del calor naturale s'asciuga, e suapora, onde è necessario, che stennandosi in processo di tempo le complessioni s'ingenerino diuerse infirmità, e periscano.

Domandai quali fossero le maggiori solennità dell'anno.

Tre, rispose; la Luna nuoua di Febbraio, al principio del mese di Nouembre, e il giorno natalizio del Re. In tutte queste il medesimo Re esce fuori publicamente per la città assistito da tutta la Corte, da tutti i Mandarini, cioè i Nobili, e da tutti i Magistrati, ò capi de' Letterati, comparendo ciascuno con abiti conuenienti, e proprij della sua carica, i quali son molti, e varij. L'onore della testa del Re è vna perla in cima del berrettone. Gli altri grandi vi portano diuerse gioie, e molti vna perla anch'essi, mà accompagnata ò da vn rubbino, ò da vn smeraldo, ò da vn botton di diaspro; sola non la porta, che il Re. L'altra insegna reale sono due Cicogne, le quali porta in sù'l petto figurate in vn ricco ricamo d'argento. I Mandarini vi portano altri animali, e de' noue ordini, ne' quali si distingue tutto il corpo della nòbiltà, ciascun' ordine hà il suo. Il primo hà la Gruè, il secondo il Leone, il terzo l'Aquila, il quarto il Pauone, degli altri non mi souuiene, si come nè anche mi dà l'animo à ricordarmi delle differenze degli abiti de' Magistrati, e de' capi de' Letterati; d'vno mi ricorda, ed è quello del Matematico, il quale porta appese alla cintura quattro tauolette quadrate di diaspro pendenti da cordoni di seta, e nel mezzo di ciascheduna è incastrato vn rubino, in cima del berrettone hà vn rubino, e vna perla. I colori più comunemente vsati nel vestire sono il rosso, il paonazzo, il ranciato, e 'l turchino. I Bonzi già hò detto, che veston di bigio, e i Letterati di bianco. Mì scordaua di dire, che per la festa della Lunazione di Febbraio si fanno per tutti alcune stiacciate, nelle quali con lauori di pasta rappresentan la Luna, e nella Luna vna simile apparenza; onde si chiama ancora questa festiuità il sacrificio della Lepre.

L'interrogai se sia vero, che i Chinesi abbiano memorie così antiche, e di tante migliaia d'anni, come molti vogliono.

Disse, che dal Re Tao in là, dal quale contano 4700. anni di cronologia regia, niun' altra cosa sanno dell'età del mondo.

Domandai della nauigazione, e se là in quelle parti si creda, che dall'Asia sia alcun passo in America per terra.

Quanto al primo, disse come la lor' arte del nauigare è imperfettissima, mancando principalmente dell'vso della bussola: che le barche maggiori non portano più di cinquanta vomini: che le vele son fatte di stuoie; mà che vanno con esse con tutti i venti, auendo in ciò vna maestria particolare: che la maniera di remare è diuersa dalla nostra, dimenando semplicemente i remi innanzi, e indietro; onde concluse, che attesa l'imperfezione dell'arte non s'inoltrano gran fatto in mare, mà s'attengono assai rasente la spiaggia. All'altro particolare del passo in America rispose non sapersene vn vero; conciosiacosache gli Olandesi, gli Inglesi come quelli, che non hanno potuto spuntar la nauigazione del mar ghiacciato per quelle parti non hanno commercio. I Tartari si come non trafficano non son gente da muouersi per mera curiosità, e finalmente i Chinesi non vscirebbono del lor paese in tanta disgrazia; l'opinione però è, che il passo vi sia, ò che almeno in qualche parte per vn gran continente d'Asia, e d'America non sieno disgiunti, che per vn breuissimo tratto di mare, vedendosi comparire di quando in quando nelle parti mediterranee di Tartaria degli animali Americani, i quali è certo, che se la terra ferma non fosse continuata, e non vi fosse vno stretto tale da passarlo con vn breue nuoto, non vi potrebbono venirui.

Tornai à domandare de' giardini de' Chinesi, de' giuochi, e de' balli.

I Chinesi (replicò il Padre) non ballano, i Tartari sì, mà frà gli vomini, non con le donne; i loro suoni non son altro, che percuotimenti di palma à palma, e d'alcuni metalli sonori. Per conto de' giochi poi si può dir, che i Chinesi abbiano il trattenimento, ed il vizio. Hanno il pallone, le tauole, i scacchi, la mora, i dadi, le carte. Al pallone giuocano col calcio con marauigliosa destrezza; non fanno in partita, mà palleggiano semplicemente in quattro, in cinque, in sei, e anche in più, mandandoselo l'vn l'altro co' piedi; ed io mi son trouato à veder vn pallone per aria più d'vn quarto d'ora senza toccar mai terra. Quanto a' giardini son cose ordinarissime, non essendo quasi altro, che puri ricinti di prati per vso di giuocar al pallone. Non hanno altri fiori odoriferi, che i gelsomini; le rose son belle, mà senz' odore; tulipani, viuoli, giacinti, ed anemoni non si conoscono, nè se ne sà il nome. Nel resto la gran copia dell'acque fà i giardini belli, e dileteuoli; è ben vero, che non hanno grand'artifizio nel farne mostra, lasciandole venire, come la madre natura le manda fuori della terra. Quanto in questa materia hò veduto di bello, è nel giardino del Re, doue vna grandißim'acqua, che v'è, cade giù per vn dirupo di bronzo adornato con rilieui di tronchi, e di fogliami diuerſi, eſſendo i Chineſi nell'arte fuſoria eccellentißimi maeſtri, ond'hanno bellißimi treni d'artiglieria, e d'altri arneſi militari di getto.

Sù queſto ſi preſe à domandar dell'arti, e in primo luogo de' Medici, e della Medicina.

I Medici, attaccò à dire il Padre, ſono ammirabili di riconoſcere dall'oſſeruazioni del polſo le nature, e i particolari accidenti dell'infermità: è ben vero, che nell'appropriare i medicamenti rieſcono anch'eßi, come tutti gli altri, tirando à indouinare. Io poſſo dir l'vno, e l'altro per eſperienza, poiche vn meſe e mezzo lontano da Pequin caddi ammalato, ed eſſendo mi-vi condotto, come à Dio piacque, fui ſubito viſitato da vn Medico del Re fatto-vi venire dal Padre Giouanni Adami. Queſti intrato che fù in camera, mi fece porre à ſedere, e laſciatomi alquanto ripoſare, mi fece poſar le braccia fino alle gomita ſur' vna tauola. Allora cominciò à taſtarmi l'vn e l'altro polſo, ora ſtringendo fortißimamente, ora ſoauemente premendo l'arteria, ora ſtringendo vgualmente l'vna e l'altra; or l'vna premendo, e l'altra allentando; or queſta ſtringendo, e quella ſemplicemente toccando; or taſtando per lungo tempo continuamente, or à volta à volta ritornando à taſtare; ora facendomi tener il pugno raccolto, or la mano diſteſa; e finalmente non è poſitura di mano, ò di braccio, nella quale non voleſſe ſentirmi il polſo: e tutte le proue durauono vn tempo conſiderabile, che in tutto douette eſſer lo ſpazio di tre quarti d'ora. Finita queſta faccenda, mi penſaua d'auer à cominciarlo à ragguagliar del mio male. Zitto, diſſe il P. Adami; il Signor eccellentißimo à queſt'ora lo sà miglio di voi, ſtaretelo à ſentire. Cominciò all'ora l'Eccellentißimo ritornato à ſedere con vna maeſtà, che ſarebbe ſtata troppo dell'Oracolo di Delfo, à dir del tempo della mia infermità, di tutti gli accidenti patiti in eſſa, riducendoli tutti à lor tempi, ed ogni altra particolarità; il che fece coſì aggiuſtatamente al vero, che io ne rimaſi ſtupefatto, e fuori di me. M'ordinò alcune beuande, le quali ſe foſſero ſtate coſì bene appropriate al male, come furono l'oſſeruazioni à conoſcerlo, ſarei ſtato guarito in quel punto; mà perche ciò non ſeguì coſì per allora, biſogna credere, ch'ei non accertaſſe coſì bene il medicamento, come accertò il giudizio. Hora venendo alla Medicina, è da ſapere, che non cauan mai ſangue, mà applicano in quello ſcambio vna ſpezie di veßicature alle ſpalle. Il mal Franceſe lo curano aſſai bene con decotti d'erbe, queſto ſi che non è tanto velenoſo, come in Turchia, ed in Perſia, ed in altre parti Orientali. Tra' medicamenti è famoſa vna radica, che ſi troua nella prouincia di Suc-iuen, detta latte di Tigre: dicono, ch'ella non fà ſe non in que' luoghi, doue le Tigri quand'hanno i figli arrabiate, e infuriate da' cacciatori gocciolano in paſſando il latte dalle mammelle. E veramente l'odor della polpa di queſta radica è ſimile à quel del latte, e come il latte è bianchißima, e candida. Vogliono dunque, che queſta polpa preparata con vari argomenti ſia vn ſudatorio infallibile, e potentißimo. Io poſſo dire d'auer veduta la radica, mà non già l'eſperienza.

Dalla Medicina ſi paſſò à domandar dell'altr'arti; e il Padre col medeſimo ordine, che noi l'andammo interrogando ci venne à dire, che in China non v'è criſtallo, mà grandißima copia di vetro, e in ſpecie ci diſſe del vetro di riſo, il quale è ſenza dubbio più fragile dell'altro, mà poi altrettanto più facile à lauorare; la ſua paſta appena meſſa in fornace è ſubito fuſa, e bollente; ed è coſa incredibile la gran ſottiglieƷa, alla quale conducono i vaſi, che bellißimi ne formano. In cambio di ferri adoprano canne di vetro groſſo, come fanno tra noi quegli artifici, che lauorano alla lucerna i lauori di criſtallo più gentili, e delicati.

I loro ſpecchi ſon tutti di meſture di metalli, come che ſon peritißimi nell'arte del getto fanno di bellißimi ſpecchi concaui, i quali s'hanno à buonißimo prezzo: con poco più d'vna dobla s'auera vn ſpecchio di quattro palmi di diametro. I noſtri Padri hanno introdotte l'arti di lauorare gli occhiali, e teleſcopi; ed è coſa di marauiglia, che i Chineſi ſi ſiano abbaſſati ad imparare à lauorargli, il che denota la grande vtilità, e l'eccellenza di queſt' arte: in oggi cominciano à fargli aſſai buoni, ſeruendoſi delle ſpere, che capitano in China *portate da noſtri Europei, delle quali s'è certo di far loro vn accettiſſimo regalo, ſe bene i mercanti per ſupplire agli arteſici d'occhiali hanno cominciato à commetterne.*

Hanno belliſſime drapperie d'oro filato, e del tirato ne fanno lauori molto galanti. Mà ſopra tutto è ſtupendo l'artiſizio di dorare, e inargentare à fuoco la paglia à diuerſe sfoggie, della quale così inargentata, e dorata fanno lauori merauiglioſi.

Mà non ſi può mai dire quanto ſiano ingegnoſi nella fabbrica de' fuochi lauorati, co' quali rappreſentano in aria caratteri, figure, alberi, e mille altre coſe, e ciò non ſolamente col coſtringere il fuoco à ſigurarſi in quelle immagini, mà colorandolo al naturale. Io non aurei mai creduto al rapporto di altri quello, che pur mi conuien di credere agli occhi proprij, co' quali ne preſi teſtimonianza. Io viddi dalla ſoffitta d'vna ſala, in cui mi ritrouaua à vn ſolenne banchetto ſcender in terra vna groſſa vite, e ſubito girarle intorno vn altro fuoco, che ſi formò in figura di pampini, e d'vue, il tutto ſi vagamente colorito de' proprij colori, che non credo ſi poteſſe far più col pennello. Durò queſt' apparenza lo ſpazio d'vn Miſerere, e conſumata la materia combuſtibile à poco à poco diſparue, laſciando da per tutto la traccia del fumo, in cui per breue tempo durò à raſſigurarſi. Queſta medeſim' arte ſi troua anche in Perſia, benche non tanto raffinata. I Chineſi ne ſono geloſiſſimi: con tutto ciò il prezzo di queſti fuochi non è molto rigoroſo, auendoſi per due doble vn fuoco di tre, ò quattro apparenze.

Voſtra Paternità, diſſ'io allora, mi fà credere adeſſo quello, che ſin'ora non hò creduto, ed è, che vndici anni ſono in Roma il Signor Errigo Sciſter di Danimarca mi diſſe venirgli ſcritto di Coppenaghen eſſer tornato dalla China vn Daneſe, il quale auea fatto vedere al Re vna foggia di fuochi artiſiziati, che leuati in alto da vna razzo ſcoppiauano in varie triſce di ſiamme, le quali formauano in aria il nome del medeſimo Re. V. S. replicò il Padre, può crederlo ſicuramente, benche mi paia gran coſa, che queſt'vomo arriuaſſe al ſegreto, il che non gli ſarebbe ſicuramente riuſcito, ſe non ſi foſſe applicato à queſt' eſercizio, datone prima il neceſſario giuramento, e certo gli hà detto buono à ſtamparla.

Il Signor Carlo domandò, ſe aueano carozze, ò carri.

I Chineſi, ſoggiunſe, vſano per lo più lettighe portate da muli, ò da vomini: ſono aſſai ſimili alle noſtre, ſaluo che nell' eſſer notabilmente più lunghe per vſo di portarui caſſe, diſtenderui letti, e rizzarui tauole, il che rieſce di gran commodità nel viaggiare. I Tartari hanno certe carozze con due ruote tirate da vno, ò più muli, ò caualli. Le mogli de' Vice-Rè, e de' Signori grandi ſon tirate da due beſtie, ſeguitandole vn gran numero di donne Tartare à cauallo, armate d'arco, e di frezze. Per portare adoprano cameli, come anco vna certa foggia di cariole con vna ruota aſſai alta, che gira in mezzo à due caſſe, nelle quali ſi mette la robba, e vn vomo ſolo reggendo con vna cigna attrauerſo, come quegli che portano le ſedie, alcune ſtanghe ſitte nelle caſſe di quà, e di là dalla ſudetta ruota, le fà girare con grandiſſima facilità; e queſto è il modo ordinario di traſportare le mercanzie, e i carichi delle condotte per le prouincie, che non ſon montuoſe.

Fù domandato, ſe ſi dilettano della caccia, ſe hanno vſanza di correr pali, e come ſian periti nel caualcare, e nell' arte d'ammaeſtrare i caualli.

I Tartari, riſpoſe, ſon cacciatori, i Chineſi punto. I pali non ſi sà quel che ſiano; e quanto a' caualli tutto il loro ſtudio è nelle bardature ricchiſſime, non auendo alcun' arte nell' ammaeſtrargli.

L'interrogammo ſe piglian tabacco.

In poluere nò, riſpoſe; in fumo aſſaiſſimo: e ciò tanto fanno i Tartari, quanto i Chineſi, così gli vomini, come le donne. Queſte hanno la taſca della pipa, e del tabacco alla ſpalla; gli vomini alla cintura.

Domando il Signor Carlo, ſe Mandarino è voce Chineſe.

Diſſe eſſer Portogheſe, e che in Chineſe ſi chiamano Quoan, che ſigniſica ſignoreggiare, comandare, gouernare.

Domandai, ſe i popoli della China ſon feroci, e inclinati all' armi.

Riſpoſe

Rispose esser naturalmente vilissimi, e che egli in tre anni non auea veduto altra rissa, che una sola volta due fare alle pugna; aggiugnendo, che tutte le lor quistioni non sogliono parare in altro.

Gli domandai finalmente, se nel ritorno auesse à sorte incontrato vn tal Monsù Tauernier mercante Francese, il quale due anni sono imbarcò à Liuorno per l'Indie, portando seco vna ricchezza inestimabile di gioie. Gli dissi in oltre, che fra queste auea vn'assortimento di Ziffiri grossissimi, e alcune perle à pera da formar vn gioiello, il qual pensaua di vendere al Rè di Mogor per adornamento della piuma del suo elefante. Aggiunsi auer detto il medesimo Monsù Tauernier, che il Rè sudetto nel mantenimento degli elefanti del Rè suo antecessore fà vna spesa di quindici mila scudi il giorno, parermi vn così gran lusso cosa incredibile, e pregai il Padre à dirmi quello, che in verità me ne douessi credere.

Quanto à Monsù Tauernier, disse auerlo incontrato in Persia. Del resto, attaccò à dire, V. S. non abbia alcuna difficoltà in creder queste, e maggiori cose del lusso di quel Principe nel mantenimento degli elefanti; la qual cosa, per meglio intendere, conuien sapere come tutta l'India di quà, e di là dal Gange è spartita in moltissimi feudi, de' quali l'Imperatore n'inuestisce à vita i suoi seruitori; questi lo riconoscono ogn'anno d'vn grossissimo regalo, che in realtà è vn tributo fisso, e determinato. In oltre son tenuti à mantenere chi mille, chi due, chi tre, chi quattro, e al più cinque mila vomini d'arme, il qual numero perche per l'auarizia de' Principi in tempo di pace non si diminuisca, onde soprauuenendo la guerra s'abbiano à riempir le piazze morte di gente inesperta, & nuoua nel mestier dell'armi. Vsa l'Imperatore d'ordinar improuisamente à questo, à quell'altro Principe, che venga à rassegna con le sue genti, alle quali dà egli medesimo la mostra, riscontrando con grandissima accuratezza; se i soldati son vecchi, ò pur fatti allora per compir il numero, il quale sono obligati di mantenere per l'inuestitura del feudo, il che quando si retrouasse, mal per quel pouero Principe. Di quì è, che il Mogor in vn subito può metter insieme vn corpo formidabile di cinque in sei cento mila combattenti senza pure spender vn soldo di più dell'ordinario, appartenendosi à ciascun Principe di pensar etiandio in tempo di guerra à tener prouedutâ di viueri la sua gente. Supposto questo è da sapere, come sono sei, ò sette elefanti destinati per la persona dell'Imperatore, i quali son chiamati Pancia sarì, che significa Signor di cinque mila, e vuol dire, che à ciascuno di quegli elefanti è assegnato per mantenimento vn'entrata vguale à quella, che cauano da lor feudi que' Principi, che hanno obligo di mantenere il maggior numero de' soldati, che è di cinque mila. Hor vegga V. S. se si può stare il detto di Monsù Tauernier, e sappia, che questo lusso non è solamente negli elefanti, mà ne' caualli ancora, de quali vien'ogni giorno insieme co gli elefanti vn grandissimo numero dananti al Rè con bardature ricoperte di gioie, ed egli trattiene in maneggiargli vni, e gli altri secondo che li piace. Di quì passò à dire del presente Imperatore, com'egli nella sua giouentù simulando vna vita tutta contemplazione, estasi, e rapimento di spirito hà finalmente leuato il regno al suo padre, il quale viue anche al dì d'oggi in età di 86. anni, e viue prigione in Agra, e benche il figliuolo desiderasse di farlo morire, non s'ardisce d'vcciderlo per sospetto di ribellioni, essendo il vecchio amato suisceratamente da' popoli, i quali vede, che per consolarsi della sua morte, quando fosse violenta piglierebbono più che volentieri l'occasione di vendicarla. Hà per prigione vn palazzo reale abbondante d'abitazioni, e di giardini pieni di delizie. Gli è lasciata la sua guardia di moschettieri Tartari, la quale è numerosissima, ed hà seco tutto il gregge delle sue donne, tra le quali si dà vn tempo bellissimo, diuertendo il pensiero del suo misero stato con l'vbriachezza. A questi anni l'Imperator suo figliuolo fece frabbricargli à ridosso della prigione con non sò qual pretesto vna torre altissima, dalla quale si dominassero tutti i giardini. Di lì à poco vi messe vna sentinella, la quale in verità era vn'aptissima spia di quanto colà dentro si facea, il che accortosi il vecchio, la fece pigliar di mira, à non sò quante delle sue donne, le quali auendola buttata in terra disse al custode della prigione: Dite à quel ribelle di mio figliuolo, che mandi pure di simili vccelli sù quella torre, che darà vn grande spasso à queste mie donne. Dopo la qual ambasciata, dicono, che non v'abbia mandato più altri per non mettersi à rischio di vedersi perduto il rispetto sfacciatamente, già che non hà cuore da sapersi lenar dananti. Mà per dir vero,

IV. Partie.　　　　　　　　　　　　　　　C

la giuſtitia, e la prudenza di queſto Principe ſon ſommamente commendabili. Nel tempo ch'io mi tratteni in Laor accadde, che vn certo Principe per vn leggieriſſimo errore commeſſo da vn garzon di ſtalla nel governare vn cavallo ſuo favorito, vſaſſe ſeco vna crudeltà barbara, conficcandolo con la teſta in terra. Vn giorno deſtinato all'audienza publica dell'Imperatore, il qual vſa di darla vna volta il meſe in vn prato grandiſſimo fuori della città, comparue la moglie del morto garzone, richiamandoſi dell'atrociſſima morte data al marito: l'Imperatore chiamato à ſe quel mal arriuato, e interrogatolo, ſe ciò foſſe vero, inteſo che ſi, fece diſtenderlo in terra, e volle, che la donna di ſua mano faceſſe quello, ch'egli auena fatto al dì lei marito. Gran coſe dicono ancora della ſapienza di queſto Imperatore, e che hora ſtia componendo vn nuouo Alcorano. La verità è, ch'egli vſa queſt'arti particolarmente quell'incorrotto tenor di giuſtitia per renderſi grato a' ſudditi, e per placare gli animi eſacerbati dalla tirannia, ch'egli vſa col ſuo pouero padre, per la quale conoſce beniſſimo d'eſſer odiato à morte. L'età ſua è di 40. anni; mà forſe come ſarà morto quel vecchio, onde manchino a' popoli tutti i preteſti della fellonia, ſi ſcouprirà quella parte della ſua natura, che al preſente procura ſì artifiʒioſamente d'occulare.

Tali furono le riſpoſte, che fece il P. Giouanni alle noſtre dimande; e benche la curioſità noſtra deſideraſſe di ſaper ancora d'auuantaggio, iuttauia eſſendo ormai durato molt'ore il diſcorſo, & eſſendo gia ſcorſa vna buona parte della notte, del che ci accorgemmo in guardar le candele, (poiche il piacere di ſì diletteuol ragionamento non ci anea laſciato ſentir nè ore, nè oriuoli) alʒatici da ſedere, e reſe molte gratie al Padre della ſua amoreuole corteſia, ci partimmo.

AVTRES PIECES
SVR LE SVIET DV VOYAGE
du P. Grueber.

Rev. Patri in Chriſto, Patri Joanni Gamans Soc. Ieſu, Aſchaffenburgi.

SCRIPSI nuper breviùs, nunc R. V. ſignifico me ex voluntate Superiorum è Sinis huc miſſum ob aliqua negotia; & quoniam iter per mare ab Hollandis clauſum eſt, qui omnes jam portus Luſitanorum occupant, confeci hoc totum iter, paucis diebus exceptis, per terram. Diſceſſi è Sinis Pecquino 13. Aprilis 1661. cum P. Alberto de Bouville quondam ſocio P. Martini Martinii Procuratoris Sinarum, expeditus ab ipſo Rege novo tanquam regni Mathematicus, impetrante licentiam abeundi ac regium diplôma R. P. Schall Germano, ſupremo tribunalis mathematici Præfecto, Regique mortuo (qui 6. Febr. Haiganni in Variolis obierat) imprimis charo, & duorum menſium ſpatio civitatem Ciniara in ipſis illis prodigioſis muris regnum cingentibus poſitam attigi; inde egreſſus tranſivi trium menſium ſpatio Tartariam adeò deſertam, ut per hoc totum ferè tempus non tantùm nullus homo, ſed nec avicula quidem occurrerit, exceptis feris, ut ſunt urſus, leo, tygris, taurus ſilveſtris; quo in itinere quæ paſſi ſumus, ſolus Deus novit. Tertio menſe attigimus regnum Baranateka: ibi Sinenſium & Tartarorum magnus Pontifex habitat, in urbe ejuſdem nominis; de quo incredibilia prorſus ſcribere poſſem, ſi tempus ſuppeteret; hoc ſolùm dico, diabolùm ibi ita Eccleſiam Catholicam æmulari, ut quamvis nullus Europæus aut Chriſtianus ibi unquam fuerit, adeò tamen in omnibus eſſentialibus rebus conveniunt cum Romana Eccleſia, ut ſacrificium Miſſæ cum pane & vino celebrari, Extremam-unctionem dari, matrimonium benedici, super ægrotos rogari, proceffiones inftitui, idolorum reliquias honorari, monafteria tam monachorum quàm monialium inhabitari, in choro more religioforum cantari, in anno fæpius jejunari, graviffimis mortificationibus, ut funt difciplinæ, fe affici, epifcopos creari, miffionarios in fumma paupertate nudipedes per illam defertam Tartariam ufque in Sinas mitti. Rem ipfe oculis confpexi; quin imò tantam reverentiam fuo Pontifici (qui fe Samaconium appellat, id eft Deum Patrem, nec minùs quàm Deus Patér adoratur ab omnibus dynaftis) exhibent, ut, liceat falvâ reverentiâ dicere, illius fordes in pilulas redactas, aureæque pixidi impofitas etiam maximi domini in collo geftent tanquam præfentiffimum contra omnia mala remedium. In hac civitate fumus morati uno menfe, mira confpeximus, & fanè maxima fpes effet converfionis horum gentilium, nifi ille fatanicus deus pater obftaret, qui fe adorare nolentes morte confeftim afficit. Nos tamen, Deo protegente, humaniffimè ab illa barbara gente habiti, ac à Rege, qui hujus dei patris frater eft, regio diplomate donati fumus; inde totum regnum peragrantes, in ftatum regis Neopal pervenimus, quod etiam meris gentilibus repletum eft; ac deinde regnum Moranga tranfeuntes, in Indiâ appulimus, ubi in urbe regia Agra vocâtà noftris Patribus omni charitate excepti fumus, & hîc poft undecim à Sinis itinere pofitorum menfium fpatium aliquantùm quiefcere licuit. Hinc abeuntes tandem quatuordecim menfibus confumptis in Europam appulimus falvi, unde fignifico R. V. incrementa rei Chriftianæ & fidei adeò procedere, ut unico anno 1660. à Patribus noftris 56. plufquam quinquaginta hominum millia baptifata fint. Plura forent fi inftructores adeffent. Rex ipfe mortuus mirè favit legi Chriftianæ, ut non tantùm templum nobis Europæo opere exftruxerit publicè in regia urbe Pequinenfi, fed etiam ante templum magnam tabulam marmoream ftatuerit, in qua Sinico & Tartarico charactere legem divinam laudat, approbat, ac omnibus poteftatem facit liberè eam fufcipiendi. Regis autem mater adeò noftræ religioni affecta eft, ut quovis menfe veftem Tartaricam templo noftro fubmittat cum fat magnis eleemofynis, & P. Joannem Schall non alio quàm Patris nomine compellat. Hæc de regno Sinenfi, ad quòd, Deo dante, intra pauculum tempus revertar; & nifi bella Turcica obftarent, non parvam mecum cohortem ducerem, nunc autem unico focio contentus ero.

I. GRVEBER S. Iefu.

ACCEPI cum fummo folatio eruditiffimæ Dominationis fuæ epiftolam à D. Jacobo Breyno, agoque gratias maximas pro humaniffima mei licèt immeritiffimi memoria, fpondeoque viciffim ad ultimum Orientem memorem fore humanitatis Dominationis fuæ. Et ut ad petita veniam, doleo vehementer quòd tempus non fuppetat Dominationi veftræ ad omnia proùt petit fatisfaciendi, partim quia jam abitum cogitamus, partim etiam quia aliqua me latent, quæ Dominatio V. fcire defiderat; fignifico tamen ea breviter quæ poffum.

I. Regem Sinarum fecundum è Tartaris, qui meo tempore quando Sinas intravi regnabat, vocatum fuiffe *Xun Chi* (quod fignificat obedientem) qui mortuus eft fub meum ex Sinis abitum, nimirum 6. Februarij 1661. apparente tunc fuprà regiam urbem Pekinenfem cometa caudato. Ei ftatim fequenti die fucceffit filius ejufdem natu minimus, octo annorum, loco cujus, ufque dum ad annos pubertatis perveniat, nimirum decimum-quartum abfolutum, imperium gubernant quatuor duces Tartari, quorum præcipuus *Sonni* appellatur. Rex verò novus vocatur *Hoei*, quod nomen mutabit fi ipfe regimen aggrediatur, ficut etiam parens ipfius demortuus poft mortem non ampliùs *Xun Chi*, fed *Xi Cù*, hoc eft avus fæculorum, nominatus fuit. Hic habuit fex filios, & circiter 1500. uxores, è quibus quindecim fuerunt legitimæ, quarum rurfus una prima præcipuaque fuit; quæ *Chun fi* (hoc eft de verbo ad verbum perfectè volans) dicitur: & hæc est consuetudo omnium regum Sinensium & Tartarorum, eligunt filium aliquem successorem secundum beneplacitum, reliqui filij sunt reguli per varias provincias, sine omni tamen potestate & authoritate in subditos, sed omnes sumptus redituque subministrantur illis à Vice-Regibus qui *Knil mue* dicuntur, ne rebellare possint, habitisque in sua manu provinciis, milites conscribere.

II. Lingua aulica est Sinica; maxima tamen diplomata, uti sunt inscriptiones honorificæ & tituli, quos rex suis benemeritis aulicis offert, necnon publicæ patentes ad intrandum exeundumque ex Sinico regno, litteræ nobilitatis, quas rex dare solet, publicæ approbationes rituum, legumque, ac cæremoniarum vel politicarum vel spiritualium, &c. in utraque lingua, Tartarica nimirum & Sinica, expediuntur: unde etiam regis nomen in utraque lingua idem est. Tribunalium omnium nomina sunt Sinica, & sunt sequentia: *Colaò* intimi consiliarij, *Xam xu* secretarij, *Lypu* supremum regimen, *Hupu* tribunal quæsturæ, *Lypu* tribunal cæremoniarum, *Pimpu* tribunal armorum, *Himpu* justitiæ, *Cumpu* tribunal ædilitatis, *Himtienkien* tribunal mathematicæ. Mitto hîc etiam nomina Sinica, quorum significationes petit Dominatio vestra, quos optimo modo quo potui tum propriâ experientiâ, tum ex libris certissimis conscripsi.

III. Tartari sunt ejusdem religionis cum Sinensibuh, adorantque omnia idola Sinensium, ac maximè cursum cœli ac planetarum, cui multùm adscribunt. Religiones omnes sunt liberæ, ac etiam Christiana, non tamen Mahumetana, cujus scilicet Christianæ subjecti æquè ac gentiles ad omnia etiam maxima officia promoventur, imò ante alios; nam rex *Xunchi* non solùm legem Christianorum publico diplomate tabulæ marmoreæ inciso, & ante ecclesiam nostram publicè Pequini erecto, laudavit: sed etiam omnibus amplissimam potestatem fecit eandem liberè suscipiendi & proferendi, ad cuius diplomatis finem hæc formalia verba scribit: *Ego hunc ejus animum* (nimirum nostri Patris illius qui hoc à rege impetravit, *legemque hanc quam sequitur, vehementer approbo & laudo, Deoque ad perpetuam huius rei memoriam hunc ejus ecclesiæ titulum præfigo. Tum hui èn hia kim*, quod est, excellens penetrando cœlo locus. Quinimò eandem ecclesiam, destructo ibidem quodam idolorum fano, Deo vero ædificavit dicavitque, cum arcu marmoreo in publica platea erecto, cujus hæc est inscriptio, *Regia via cœli*.

IV. Insignia regia sunt duo dracones, quorum formam hîc inclusam transmitto. Rex Tartariæ in Sinis non habet coronam aut sceptrum, Sinenses tamen quondam aliquam habebant, sed pileum è ductili ebore textum, in cujus summitate prominet cuspis aurea per modum turriculæ, quæ in summo habet margaritam per modum ovi columbæ, quæ margarita est stipata pulcherrimis aliis margaritis parùm minoribus. Et hoc est propriè insigne regum, quia nullus, etiam maximus regulus, audet in summitate pilei margaritam portare.

V. Moneta nulla est in Sinis, nisi auricalchina parva, quam Lusitani *Caixas* vocant. Argentum & aurum totum conflatur in massas, quæ deinde pro usu in parvas particulas scinduntur; siquidem vix ullus reperitur in Sinis, qui non libram pro ponderando secum habeat. Maximum pretium vocatur *van*, quod significat 10000. scutorum Italicorum; nam unum *Leam* Sinicum æquivalet uni scuto Italico, quod deinde dividitur in decem *Cien* sive solidos, quos Portugales *mazes* vocant.

VI. De Tartarica lingua nihil aliud informare possum, nisi quòd sit quoad modum scribendi æqualis Sinensi, non tamen quoad litteras & pronuntiationem, nam omnis ferè syllaba Tartaricæ linguæ litteram R. continet, contrariè plane Sinensi, quæ nullum R, nec B, nec D habet, & meris monosyllabis constat: & quia omnes Tartari in Sinis Sinicam addiscunt, Sinenses ècontra Tartaricam nec volunt nec possunt ob difficultatem pronuntiandi litteram R; ideoque Tartarica lingua in nullo est usu, excepto illo quem superiùs insinuavi: mitto tamen hîc aliquas notas illius.

Quid *teo* fignificet, ipfe ignoro. Scribuut autem penicellis ficut Sinenfes. Plùs de Tartarica lingua fcribere non poffum.

VII. Quî Tartari & quando occupaverint Sinenfe imperium, veftra Dominatio clariffimè intelliget ex Atlante Sinico , & etiam ex libro compofito de Monarchia Sinica à P. Martino Martinio , impreffo Ingolftadij in quarto , ubi fufiffimè omnia differit quæ petit D. V.

VIII. Regnum Sinicum à Tartaris vocatur *Cathay*, vel *Chin mu Chin*; civitas verò Pekinenfis vocatur *Cambalu*: *Cathay* vult dícere, terra orientalis magna; *Cambalu* verò, regia civitas. Tartari verò qui occuparunt Sinas, vocantur *Mancheu*, five civiles. Provinciæ & civitates etiam apud Tartaros nominibus Sinicis appellantur.

IX. De flore illo miraculofo ter quotidie variante colorem, nullam notitiam habui in Sinis, nec de floribus Rheubarbari, quâdoquidem femper in Pekinenfi provincia hæfi, ubi hæc non reperiuntur, fed crefcunt in provincia *Suchuen*. Affirmat tamen meus famulus Sinenfis, quem hîc habeo, qui eft natus ex Suchuen, florem illum fe ita habere prout P. Martinius dixit, & flores Rheubarbari albas effe.

X. In Sinis etfi multæ fint turres & fat altæ, quæ *Ta* vocantur ; nullum tamen in iis reperitur horologium folare , cuius apud Sinas maxima raritas eft. Hæc breviter ad quifita ; quoad inftructionem geographicam etfi fat multa obfervaverim, tamen ex his communicare nequeo, omnia enim Romæ P. Athanafio Kirchero reliqui, qui jam actualiter ea in lucem dat, quem Dominatio veftra confulere poterit: funt etiam quoad regimen Sinicum, & tribunalia, eorumque nomina ; omnia imprimuntur Viennæ Auftriæ, juffu fuæ Majeftatis Cæfareæ, quæ brevi comparebunt.

Hæc habui, quæ meo eruditiffimo Domino communicarem, quæ fpero etfi non pro exfpectatione grata tamen accident : atque hifce me in favorem V. D. humillimè commendo, proia, eorumque nomina ; omnia imprimuntur Viennæ Auftriæ, juffu Majeftatis Cæfareæ, quæ brevi comparebunt.

Hæc habui, quæ meo eruditiffimo Domino communicarem, quæ fpero etfi non pro exfpectatione : grata tamen accident : atque hifce me in favorem V. Dominationis humillimè commendo, promittoque (fi Deus me in Sinas reduxerit) me fingularem correfpondentiam femper cum veftra Dominatione & Domino Jacobo Breyne habiturum , omnia & quæ potero, fideliter perfcripturum. Dantifii 11. Decembris 1664.

JOANNES GRUEBER Societatis Jefu.

NOBILISSIME AC ERUDITISSIME VIR,

Pax Chrifti.

NON dubito, veftram Dominationem avidiffimè hactenus refponfum ad fuas ad me quarto Januarii datas exfpectaviffe, verùm quia in continuo itinere eram illud in hoc ufque tempus differre conatus fum; nam cùm licentiâ à Magno Duce Mofcoviæ acceptâ tranfeundi ipfius terras, in Curlandiam properaremus, ibidem fubfiftere coacti fumus tantifper, donec plenam informationem de tutis itineribus haberemus : verùm (quod noftrum infortunium eft) fub ipfum noftrum in Curlandiam appulfum fereniffimus Dux Curlandiæ litteras accepit à Duce Mofcoviæ, in quibus afferebatur fines, per quos Aftracanum verfus nobis tranfeundum erat, rebelli milite, ac Tartaris Kalmuxenfibus occupatiffimos effe, adeoque ne ibi in Mofcovia gratis fubfiftere deberemus, ipfo Duce Curlandiæ fuadente, reditum in Turciam meditamur, atque, fi Dei voluntas fuerit, poft Pafcha cum legato Cæfareo Conftantinopolim movebimus, inde per Natoliam viâ jam nobis tritâ in Perfiam, ac deinde in Indias Chinafque tendemus. D. O. Max. pro gloria fua & tot in-

fidelium falute profperet noftrum iter! Sed ut ad rem. veniam, breviter quæfitis
V. Dominationis, quantùm potero, fatisfaciam, nam meipfum multa latent: cùm
enim prima noftra ibidem cura fit converfio gentilium, reliqua non nifi ex acciden-
tali cum doctis vitis converfatione habemus. Ad primum ergo dico, voces illas tam
Sinicas quàm Tartaricas regio figillo incifas nihil aliud quàm nomen Regis regnan-
tis denotare, Verbi gratia *Xun Chi Rex Sinarum ac Tartarorum*. Cum autem hęc eadem
verba in lingua aulica five Tribunalium aliis litteris fcribantur, quàm in lingua vulgari, & nos folùm communiter linguam vulgarem fciamus: alia enim non nifi in tribu-
nalibus & negotiis aulicis, quæ ad nos non pertinent in ufu eft, hinc fit, ut nullus ex
noftris Patribus ferè illas litteras legat: fenfus tamen ille eft, quem fuperiùs alio charactere fcripfi: eodem etiam modo in infignibus regiis litterę illæ Tartaricæ ac Sinenfes nihil aliud fonant, quàm hæc effe infignia regia. Secjùdò *Sonni* non eft nomen of-
ficii, fed eft nomen proprium Tartaricum, neque aliam fignificationem habet. Cùm
verò Sinenfes communiter fuis regibus dent nomina, quæ præter appellationem
etiam aliud fignificent, hinc moderni regis nomen *Hoei* fignificat in lingua aulica,
Penetrans res fubtiles. Quod autem nuper oblitus fueram, id nomen non eft regium,
fed ipfius proprium, ut filii regis. Rex vero in fua inauguratione accepit nomen
Tunhi, quod fonat *perpetua claritas*. Tertiò Tartari lingua Sinica Mancheu vocantur
Quartò dupliciter refponderi debet ad hoc quæfitum nam, cùm Tartari jam ter Sinas tenuerint, primi Tartarorum regis nomen qui Sinas occupavit, totamque hifto-
riam veftra dominatio habebit ex Patriæ Martini Martinii duobus decadibus hifto-
ricæ Sinicæ Monachi in Bavariâ impreffis: fi verò velit, qui vocaretur rex qui anno

Atlantem
Sinicum
Martini ha
bes lector in
parte tertia
hujufce ope
ris Hiſtoriæ
Sinicæ de-
cadem pri-
mam dabo
à P. Marti-
nio confcri-
ptam fe-
cundam de-
cadem quæ
nüc aut pe-
riit aut fup-
preffa latet
fuplere ni-
tar ex Per-
fico Manu-
fcripto.
1644. Sinas occupavit, cujus modò regnans nepos eft, veftræ Dominationi abun-
de fatisfaciet libellus à P. Martino Martinio confcriptus de bello Tartarico, ac
& ipfe Atlas Sinicus, cui ifte libellus annexus eft. Quintò Medecina *Pa teu* folùm
tractatur à medicis, videtur compofita, fed ex quibus componatur, nefcire
me fateor, cùm & noftri fari non fit, ac etiam nemo in Sinis medicinalia tractare impunè audeat, nifi fit ex facultate medicorum, qui fingularem claffem confti-
tuunt: idem & dico de *Xun io u* cortice. Sextò rationem quare incipiant Sinenfes annum fole proximo decimo octavo gradui Aquarii, nullâ aliam audivi unquâ, quàm
antiquiffimam jam aliquot millium annorum confuetudinem, non dubito tamen pri-
mos illos Sinenfium Reges caufam hujus aliquam habuiffe: incipiunt autem nume-
rare ætatem Lunæ ab ipfa conjunctione luminarium. Quod Dominatio veftra fcri-
bit de Turcis Orientalibus, qui menfem primum *Aràm* vocant, nefcio fanè quomodo Geographi errent; nam excepto regno Usbekiorum, quod quondam Sa-
marchand dicebatur, nulla natio invenitur Mahumetanæ fectæ penes Sinas. Usbek
verò ad minimum quinque menfium itinere à Sinis diftat, interjacente Tartariâ de-
fertâ, regno Cottam, regno Barantola, & aliis terris, quas ego ipfe tranfivi, nec
aliam fidem ulibi quàm purè gentilem inveni, unde nefcire poffum, quidnam vox
illa *Aràm* fignificet; fed nec meus focius R. P. Henricus Roth id novit, cùm tamen
in omnibus Orientalibus linguis earumque libris plufquam ullus adhuc ex Societate
noftra fit verfatiffimus, verùm puto nomen falfificatum effe. Quod author ille fcri-
bit de Cathaiorum & Sinarum calendario, in quo allegat iftas voces *Aràm* &
Vun fi y, nec fignificationem, nec rationem quare hoc fcripferit dare poffum, cùm
nec unum nec alterum vel minimam affinitatem cum lingua Sinica habeat. Chum
verò, non Chun, eft Sinicum nomen, quod fignificat *Medium*, hocque nomine Sinenfes regnum Sinicum appellant, nimirum *Chum que*; & quamvis per litteram *m*
fcribatur, pronunciatur tamen per litteram *n*, unde author ille deceptus, non prout fcribitur, fed pronunciatur, fcripfit. Vocant verò Sinas *Chum que*, eò quòd pu-
tent effe regnum hoc in centro mundi pofitum, omniaque alia hoc tanquam fupre-
mum refpicere debere. Rex Tartariæ, qui fæculo poft natum Chriftum primo Sinas tenuit, vocabatur *Van lo*, qui etiam primus Nankinenfem regiam Pekinum

tranſtulit : hic, ut ſibi nomen immortale acquireret, maximas campanas partim ex ære, partim ex ferro fundi fecit, ex quibus ſtatim poſt meum abitum Pekino, hoc eſt quinta die , adhuc octo maximæ ſunt fuſæ. Scribit mihi meus ſocius, quem Pekini reliqui, nomine Ferdinandus, natione Belga Brugenſis, inſignis Mathematicus, qui & dictas campanas vidit, & dum ponderarentur interfuit ; maximam ex illis, quamvis ſint ferè æquales, 12 6000. centenariorum noſtratis ponderis pependiſſe. Quod habet Europa ſimile ? Reliqua Veſtra Dominatio clariùs intelliget ex duabus Decadibus hiſtoriæ Sinicæ P. Martini Martinii. Quod ad nomen *Cathay* attinet, illud eſt nomen Tartaricum Occidentalium Tartarorum, non Sinicum, quorum linguam cùm ignorem, nihil aliud dicere poſſum, quàm quod ex auditis ſcripſi, hoc nomen ſignificare terram orientalem magnam, ſicut etiam iidem Pekinum vocant *Cambalu*, quod ſignificat regiam ſedem in ſua lingua, nimirum *Cam* rex, & *Balu* ſedes. Hæc ex ipſis Tartaris illis, cùm per illos tranſirem, habeo. *Tiem Hoam Xi* rex fuit Sinarum ; quòd verò dicatur vel pingatur cum corpore ſerpentino & decem humanis capitibus, eſt pura fictio, exprimere volens qualitates illius regis, nimirum corpus verſatile, & corporis mores ſerpentinos, ingenium verò tam ſubtile, ut decem hominum ingenia in illum confluxiſſe viderentur, ſicut de aliis etiam ſimilia fingunt, pinguntque Sinenſes, uti de principali ſua dea *Pu Sa* nomine, quæ pingitur cum undecim capitibus partim humanis, partim beſtiarum, ut porci, canis, elephantis & vaccæ, necnon cum 36. brachiis humanis, quorum unumquodque manu diverſam rem tenet, per quam picturam exprimunt reginæ illius dotes & mores. Et his ſimilia faciunt Sinenſes in plurimis aliis figuris. Ut & ad regulas & grammaticam Sinenſem veniam, dico noſtros Patres plurimùm laboraſſe in inveniendo aliquo modo concertandi illam, ſed propter nimiam diverſitatem linguæ adhuc nihil effeciſſe : invenerunt tamen quinque tonos ſive accentus, ſecundùm quos Sinæ pronuntiant omnia ſua vocabula. Primus vocatur *xam xim*, & pronuntiatur aſcendendo : alter *kiu xim*, & pronuntiatur deſcendendo : tertius *pim xim*, & pronuntiatur protrahendo æquali ſono : quartus *goe xim*, & pronuntiatur abſorbendo, ita ut non intelligatur vocalis ultima, uti nomen *pe* quod ſignificat album, eſt *goexim*, ubi *e* abſorbetur ; ita ut nullo modo claro ſono illam litteram exprimam : ultimus vocatur *thopim*, qui inflectit vocem, & facit quaſi curvam in ſchala muſica. De reliquis nulla præcepta dari poſſunt, ſed omnia uſu ipſo & improbo labore addiſci debent ; plus enim diſcitur audiendo alios loquentes, & ſimul ſe cum illis exercendo, quàm omnes illorum libros pervolvendo ; unde pueri Sinenſium in ſcholis trivialibus clara voce & quaſi cantillando legere & ſcribere addiſcunt, nec alius modus addiſcendi illam linguam eſt, quàm exercitium. Atque hæc ſunt, quæ Veſtræ eruditiſſimæ Dominationi ſignificare potui, & ex toto corde volui, rogóque unicè, ut hanc meam rei literariæ communicationem continuare dignetur ; ego certè nunquam intermittam, ſive ex Turcia, ſive ex India, ſive ex Sinis, ubicunque data fuerit occaſio, Veſtram Dominationem litteris meis interpellare, ac quicquid novi, curioſi & ingenioſi deprehendere vel in ipſa re, vel ſaltem depictum deſcriptumque tranſmittere ; idem ſpero Veſtram Dominationem cum mihi affectiſſimo Domino Jacobo Brayne Patrono noſtro ſingulari facturam, noſque illuſtriſſimæ ac inclytiſſimæ Compagniæ Oſtendicæ, à qua in Indiis plurimas & infinitas gratias accepimus, eique ſemper obligatiſſimi manebimus quamdiu vixerimus, humillimè recommendaturam. Atque hiſce me in optimum Veſtræ doctiſſimæ Dominationi amicum affectum, noſque omnes ſimul Divinæ Providentiæ & Protectioni enixiſſimè commendo. Uratiſlaviæ in Sileſia 14. Martii 1665.

JOANNES GRUEBER S. J.

A a b c d e f g h i K l m
亞　亞 襪則得核非 熟何移 葦禮米

n o p q r s f t u x y z
妮阿必古为四師德烏是永拆.

a e i o u
亞核移阿烏

ba be bi bo bu
襪物尾冀無

ca ce ci co cu
葦則止可古

da de di do du
大得地多都

fa fe fi fo fu
撥佛非福父

ga ge gi go gu
熱汝臥吳

ia ie ii io iu
开野矣三魚

la le li lo lu
蠟歷禮祿路

ma me mi mo mu
馬脈米磨模

na ne ni no nu
納匿尼諾奴

pa pe pi po pu
巴逼皮泊布

ra re ri ro ru
臘立裏鹿爐

sa se si so su
泝色四鎖所

ta te ti to tu
春德尔飛親

ua ue ui uo uu
鞍勿未烏豫
曶

za ze zi zo zu
詐窄制作祖

VOYAGE A LA CHINE
DES PP. I. GRVEBER
ET D'ORVILLE.

LE 30. Ianvier 1665. je fus avec Monfieur Carlo Dati rendre vifite au P. Jean Grueber nouvellement venu de Conftantinople. Ce Pere a demeuré trois ans à la Chine, & il y a deux ans qu'il en eft de retour. Il fut de Venize à Smyrne par mer, delà à Ormuz par terre en cinq mois de chemin; d'Ormuz il vint à Macao en fept mois; & après avoir employé trois mois à traverfer de Macao & du Sud au Nord tout le royaume de la Chine, partie fur des rivieres & canaux, partie par terre, il arriva à Pekin. A fon retour il a tenté un voyage qui n'a peut-eftre pas encore efté fait par aucun de nos voyageurs de l'Europe; car au fortir de la Chine il entra dans les fables de la Tartarie deferte qu'il traverfa en trois jours: il arriva après fur les bords de la mer Kokonor. C'eft un grand lac ou mer, femblable à la mer Cafpienne; le fleuve Jaune de la Chine y prend fa fource, & après avoir couru avec rapidité une grande partie de ce royaume, il fe vient enfin rendre dans la mer orientale à cofté de l'ifle de Corée; c'eft la plus grande riviere de la Chine. Kokonor fignifie en langue Tartare, grande mer. Le Pere s'éloignant enfuite peu à peu de fon rivage, il entra dans le Toktokai, païs prefque defert, & d'ailleurs fi fterile, qu'il n'a point à craindre l'ambition de de fes voifins. L'on n'y rencontre que quelques tentes de Tartares, qui y menent une vie miferable. La riviere de Toktokai arofe ce païs, & luy donne fon nom: c'eft une fort belle riviere, auffi large que le Danube; mais elle a fi peu de fond, qu'un homme à cheval la peut paffer à guay par tout. Delà ayant traverfé le païs de Tangut il arriva à Retink, province fort peuplée, dependante du royaume de Barantola; il vint enfuite au royaume mefme de Barantola. La ville capitale de ce royaume s'appelle Laffa; le Roy fe nomme Teva, qui defcend d'une race tres-ancienne des Tartares de Tangut. Il fait fa refidence à Butala, chafteau bafty fur une haute montagne à la façon des maifons d'Europe; il a quatre étages de fort bonne architecture. La cour de ce Prince eft fort groffe; fes courtifans font une dépenfe incroyable en habits, qui font de toile d'or, & de brocar. Cette nation d'ailleurs eft fort mal propre; les hommes ny les femmes ne portent point de chemife, dorment à terre fans lit, mangent la viande crue, & ne fe lavent jamais les mains ny le vifage; du refte ils font fort affables & amis des étrangers. On y voit les femmes par les rues, comme chez les autres Tartares, au contraire de ce qui fe pratique à la Chine. Le grand Preftre de ce païs s'appelle Lamacongiù, il eft leur Muffti, ou comme nous dirions grand Preftre; ils l'adorent comme un Dieu, croyent qu'il eft frere du premier Roy, encore qu'ils l'appellent ordinairement frere de tous les Rois; ils font perfuadez que toutes les fois qu'il meurt il refufcite, & qu'il a déja refufcité fept fois; cette croyance eft entretenue dans l'efprit de ces peuples par l'adreffe & par la politique de leurs Rois, & de main en main par celle de ceux qui font admis au fecret de cette fourberie; le Lamacongiù y aide auffi de

IV. Partie.　　　　　　　　　　　　　　　　　　　　　　　　**A**

son costé, il se tient toujours le visage couvert, & ne se laisse voir qu'à ceux qui sont du secret. Les grands du royaume recherchent fort les excremens de cette divinité, ils les portent ordinairement à leur col comme des reliques.

De Barantola le Pere Grueber passa dans le royaume de Nekpal, qui a un mois de chemin d'étendue. Il y a deux villes capitales dans ce royaume, Catmandir & Patan, qui ne sont separées que par une riviere qui les divise. Le Roy de ce païs s'appelle Partasmal, il fait sa residence dans la ville de Catmandir; & son frere, nommé Nevagmal (qui est un jeune Prince fort bien fait) dans celle de Patan : il a le commandement de toute la milice du royaume; & dans le temps que le P. Grueber estoit en cette ville, il avoit une grande armée sur pied pour opposer à un petit Roy nommé Varcam, qui incommodoit son païs par de frequentes courses qu'il y faisoit. Le Pere presenta à ce Prince une petite lunette d'aproche, avec laquelle il avoit découvert un lieu où Varcam s'estoit fortifié, & le fit regarder avec sa lunette de ce costé-là; ce Prince le voyant si proche cria aussitost qu'on marchast contre l'ennemy, & n'apperçut pas que cet aprochement estoit un effet des verres de la lunette. Il ne seroit pas aisé de dire combien ce present luy fut agreable. De Nekpal en cinq jours de temps il vint au royaume de Moranga, il n'y vit aucune ville, mais des maisons de paille, ou plutost des huttes, & entre autres une douane. Le Roy de Moranga paye tous les ans au Mogol un tribut de 250000. richedales & de sept elephans. De Moranga il passa dans l'Inde au delà du Gange; vint à Minapor metropolitaine de ce païs; là il traversa le Gange, qui est large deux fois comme le Danube; de là il passa à la ville de Patan, & de Patan en vingt-cinq jours de chemin à Agra premiere ville royale de l'Inde au deçà du Gange; d'Agra il fut en six jours de temps à Deli, & de Deli à Laor en quatorze jours. Laor est bastie sur les bords de la riviere Ravi aussi large que le Danube, & qui se perd dans le fleuve Indus proche Multaia. Il s'embarqua là sur l'Indus, & arriva après quarante jours de navigation à Tata, qui est la derniere ville de l'Indostan; & la residence du Vice-roy de ces quartiers, nommé Laskarkan; il y trouva beaucoup de marchands Anglois & Hollandois. Delà il fut par mer à Ormuz, d'Ormuz en Perse par le chemin ordinaire jusques à Smyrne, où s'estant embarqué il arriva heureusement à Messine; de Messine à Rome, d'où il fut expedié derechef pour retourner en la Chine. Il passa pour cet effet en Alemagne, & de là en Pologne, avec dessein de tenter une autre nouvelle route par la Moscovie, ayant obtenu par le moyen de l'Empereur des passeports des Ducs de Curlande & de Moscovie; mais comme il fut arrivé aux frontières de Moscovie, il eut nouvelle que le Roy de Pologne s'estoit joint avec le Tartare, & avoit commencé à faire la guerre au grand Duc de Moscovie; ainsi craignant de trouver de la difficulté pour le passage à Moscou, que les Tartares appellent Stoliza, il crut que le meilleur party qu'il pouvoit prendre estoit de s'en retourner à Vienne, où il arriva sur le point que l'Empereur envoyoit en ambassade à la Porte le Comte Lesle; il se mit à sa suite, faisant estat de le quitter à Constantinople, & de poursuivre son voyage; mais à peine fut-il arrivé à Constantinople, qu'il fut incommodé d'une fluxion suivie d'une grande peine de respirer, & de grandes douleurs d'estomach; ainsi n'estant pas en estat de passer plus outre, il s'embarqua pour Livourne, & de là à Florence, où il demeura huit jours; & comme il se sentoit déja beaucoup soulagé de son indisposition, il prit le chemin de Venize pour passer par le Friul à la cour de l'Empereur, afin de tenter une autre fois le voyage de la Chine par Constantinople, suivant les ordres de son General.

Ce Pere est âgé d'environ 45. ans, d'une complexion joviale, extraordinairement civil, & d'une sincerité Alemande, qui rend sa conversation tout à fait agreable; enfin il a tant de bonnes qualitez, & il est si galant homme, que quand mesme il ne seroit pas Jesuite, il ne lairroit pas de s'attirer l'estime de tout le monde.

Monsieur Carlo Dati l'avoit vu le jour d'auparavant que nous l'entretinsmes, dans l'antichambre du Prince Leopold, où il avoit commencé quelque conversation; mais elle ne dura pas long-temps, car ce Pere fut peu aprés introduit à l'audience de S. A. Aprés ce commencement de connoissance il le pria de vouloir bien souffrir l'importunité e quelques demandes qu'il avoit à luy faire sur le sujet de la Chine, à quoy il s'offrit d'une maniere fort obligeante.

Monsieur Dati luy demanda premierement, si le Roy qui regne maintenant en la Chine est fils du dernier possesseur du royaume, & où il fait sa residence, si c'est en la Chine, ou en Tartarie.

Il luy répondit qu'il estoit son neveu, & que son grand-pere estoit celuy qui ayant esté appellé par les Eunuques rebelles, se rendit maistre de la Chine l'an 1646. comme le Pere Martinius l'a écrit amplement dans son histoire de la Chine. Il dit ensuite que le Roy qui regne maintenant à la Chine est âgé de douze à treize ans, & qu'il fait sa residence à Pekin, ville capitale du royaume, & qui a aussi esté la residence de son pere & de son grand-pere; tellement que le precepte de Machiavel, qui dit que pour asseurer un Prince dans un païs nouvellement conquis, & qui est different de langue, de coustumes & de loix, il n'y a point de plus seur party pour luy que de l'aller habiter, n'est pas une speculation politique si fine, que les esprits grossiers des Tartares ne l'ayent entendue.

On luy demanda ensuite quelle estoit la milice, & comment les Chinois estoient traitez par les Rois Tartares.

Il répondit que la milice du royaume estoit composée en general de Tartares, hormis la garde du corps du Roy, qui est d'environ 40000. hommes tant mousquetaires qu'archers, qui sont tous Coréens ou Japonois: Qu'au reste le peuple ne souffroit point d'oppression extraordinaire qu'il n'eust auparavant soufferte sous le regne de ses Rois naturels. Ils ont, nous dit-il, toute la liberté qu'ils veulent pour l'exercice de leur religion; les loix anciennes du païs sont encore observées par tout le royaume, & la justice administrée par des Magistrats Chinois, avec ce seul changement, qu'à tous les tribunaux un Tartare preside avec une authorité fort limitée, & qui ne s'étend point à changer rien dans les coustumes ny dans les ordonnances du païs.

Sur cela nous luy demandames la maniere du gouvernement politique de la Chine.

A Pekin, ce dit-il, il y a neuf Magistrats ou Tribunaux, & c'est le mesme dans toutes les autres villes du royaume, où ils ont le mesme nom & le mesme département d'affaires.

Le premier est appellé *Li-pù*, il est composé moitié de Chinois, & moitié de Tartares, il juge toutes les causes qui viennent par voye d'appel qu'on fait des sentences de tous les autres tribunaux du royaume, de quelque nature & matiere qu'elles puissent estre. Le second s'apelle aussi *Li-pù*, mais le mot *Li* est prononcé d'une autre façon, de sorte qu'au lieu que *Li* dans le premier mot signifie Raison, dans cette seconde maniere de prononcer ce mot signifie Ceremonie; ce tribunal est le *foro ecclesiastico*, juge les differens qui arrivent entre les gens de lettres, & decide sur toutes les matieres de la religion. Le troisiéme s'appelle *Pim-pù*, & est pour la milice. Le quatriéme est pour le criminel, & s'appelle *Nim-pù*. Le cinquiéme s'appelle *Cho-pù*, & est comme la chambre des comptes, ou l'épargne. Le sixiéme qui s'appelle *Cum-pù*, a la surintendance des bastimens du Roy, & des fabrique publiques. Le septiéme a la charge de la dépense & de la paye des officiers de la maison du Roy. Le huitiéme à l'inspection de ce qui se dépense pour la table du Prince. Le Pere ne se souvint pas des noms des deux derniers, ny de la charge du neufiéme. Il y a donc (comme nous venons de dire) dans toutes les villes de la Chine neuf de ces tribunaux, qui sont subalternes les uns aux autres. Le tribunal d'une ville, par exemple, qui a la surintendance de la milice, est subalterne au tribunal de la milice de la ville metropolitaine de la province dans laquelle est la ville, & on appelle de ce tribunal au tribunal de la milice de la ville capitale du royaume ; duquel on peut auſſi appeller au tribunal ſuperieur, qui eſt le *Li-pù*, quand il s'agit de choſe de grande conſequence. De ce tribunal il n'y a autre appel que d'avoir recours au Roy, ce qu'on ne peut faire neantmoins ſans ſe reſoudre à ſouffrir auparavant une centaine de baſtonnades fort rudes. La maniere de donner ces baſtonnades eſt cruelle ; ils font coucher le patient à terre ſur le ventre ; luy découvrent les reins & les feſſes, & deux hommes s'aſſiſent vis à vis l'un de l'autre ſur ſon col & ſur ſes jambes, & avec une groſſe canne d'Inde, qu'ils ont fait tremper auparavant dans de l'eau afin de la rendre plus ſouple, le frappent l'un après l'autre, c'eſt à dire, celuy qui eſt ſur le col frappe ſur les feſſes, & l'autre qui eſt ſur les jambes frappe ſur les épaules, ce qu'ils font avec tant de juſteſſe, que de temps en temps ils font contraints de s'arreſter, afin que ce malheureux puiſſe reprendre ſon haleine, autrement il étoufferoit, & n'auroit pas le temps de reſpirer. Les Mandarins, c'eſt à dire les nobles du païs, & les Tartares chaſtient de cette façon leurs ſerviteurs pour la moindre faute qu'ils commettent. Mais pour retourner à celuy à qui on donne des coups de baſton pour meriter l'audience du Roy, on ſçaura que pour faire que l'appel ſoit reçu, il faut que le patient jette une pierre à une feneſtre de la chambre du Roy, après quoy il eſt auſſitoſt introduit dans la chambre ; & ſi le Roy voit qu'il ſupporte les premieres baſtonnades avec une certaine franchiſe d'eſprit, qui marque la juſtice de ſa cauſe, & un grand reſſentiment de l'oppreſſion qu'il a ſoufferte, il luy fait grace des autres, & luy commande de parler ; s'il ſe trouve qu'on luy ait fait quelque injuſtice, tous ceux qui ont eu part au jugement ſe croyent bien heureux lors qu'ils en ſont quittes pour la perte de leur charge, car ordinairement il leur en couſte la vie.

Je voulus ſçavoir du Pere s'il n'y avoit plus perſonne de la famille des derniers Rois qui avoient gouverné la Chine, ſur quoy Monſieur Dati eſcaſion de dire, que quelques-uns avoient cru qu'il s'eſtoit ſauvé un fils du dernier Roy de la Chine dans une iſle proche des coſtes de ce royaume, où il ſe tenoit caché.

Le Pere repartit, que la ſituation de cette iſle ſuffit toute ſeule pour convaincre de fauſſeté cette opinion, parceque comme elle eſt à l'orient de la Chine, il auroit fallu que ce Prince pour s'y ſauver euſt fait un chemin de pluſieurs mois, toujours au milieu des Tartares ſes ennemis, qui eſtoient entrez de ce coſté-là pour attaquer la Chine : Que le Roy ſon pere qui regnoit pour lors, abiſmé dans la débauche de ſes femmes, ne ſortoit pas ſeulement une fois l'année hors de ſon palais, & qu'il laiſſoit le ſoin du gouvernement de ſon royaume à un corps mal diſcipliné de 10000. Eunuques qui s'eſtoient revoltez, & avoient ouvert l'entrée au Tartare, qui s'eſtoit déja rendu maiſtre de trois provinces entieres, & bloqué Pekin, avant que le Roy ſçuſt rien du tout de leur aproche ; que ſurpris de l'épouvente de l'ennemy il s'eſtoit reſolu à la mort ; & qu'après avoir écrit de ſon propre ſang ſur un des brodequins de damas blanc qu'il portoit, ces paroles, *Dieu garde le nouveau Roy, qu'il ne ſe fie pas à mes conſeillers, & qu'il aye pitié de mon peuple*, il pendit une de ſes filles, & ſe pendit luy-meſme en ſuite deſſous la porte du jardin de ſon palais. La Reine ſe pendit de meſme ; & ſon fils & une autre de ſes filles eſtant tombez entre les mains du Tartare, moururent en priſon.

Nous luy demandaſmes de quelle maiſon eſtoient les anciens Rois de la Chine, & ceux de la maiſon Tartare qui regnent maintenant.

Il nous apprit que les anciens Rois de la Chine eſtoient de la maiſon nommée *Min*, qui ſignifie clarté. Monſieur Dati luy dit : Pourquoy donc le Pere Martinius dans ſon hiſtoire les fait-il de la maiſon *Taimin* ? *Tai*, dit le Pere, ſignifie lignée, ſi bien que *Taimin* veut dire lignée ou famille de *Min*, comme nous diſons la maiſon d'Auſtriche, la maiſon d'Aragon. A la ſeconde demande il répondit, que les Tartares n'ont point entre eux de nom de famille, & qu'ils ſe diſtinguent par leur nom propre : & que le pere du Roy d'à preſent s'appelloit *Xun Chi*, c'eſt à dire fils du ciel; & le Roy *Tun min*, qui fignifie grande clarté.

Nous l'interrogeames comment le Roy vivoit avec fes femmes, & quelle diftin-
ction il gardoit entre leurs enfans & ceux des concubines.

A la demande des femmes il me répondit prefque avec les paroles du Cantique
6. *Sexaginta funt reginæ, & octoginta concubinæ, & adolefcentularum non est numerus.* La verité eft que le Roy a quinze femmes, que l'on appelle toutes Reines,
mais elles ne tiennent pas toutes le mefme rang. Il y en a trois qui tiennent un
plus grand rang que les autres. La premiere ou fouveraine s'appelle *Cinfi*, c'eft à
dire Reine parfaite. Des deux autres l'une s'appelle *Tum-fi*, & l'autre *Si-fi*, c'eft à
dire Reine Orientale, & Reine Occidentale. Ils appellent ces deux Reines laterales; elles ont accés auprés de la fouveraine, mais elles ne luy parlent jamais qu'à
génoux, les autres douze ne luy parlent jamais, & fi elles luy veulent faire fçavoir
quelque chofe, elles le font par le moyen de ces Reines laterales. Pour ce qui
des autres femmes, le nombre n'eft reglé que par l'humeur & le caprice du Roy;
mais il eft toujours vray qu'elles ne font jamais moins que quelque centaine;
elles font toutes fous la direction des eunuques. Quant aux enfans de ces Reines, il n'y a point de preeminence qui les rende legitimes, on tient pour aifné
celuy que le Roy élit pour fon fuccefleur. Le Roy de la Chine d'à prefent eft fils
d'une concubine; il n'a pas efté élu par faute d'autres, mais preferé par le Roy fon
pere quelques heures avant que de mourir, à cinq de fes freres, tous enfans de
Reines, qu'il avoit fait venir en fa prefence, dont il n'en jugea aucun capable du
gouvernement. Il donna donc ordre d'elever ce Prince & fa mere fur le throne,
le fit reconnoiftre pour Roy, & fa mere pour Regente, & luy donna quatre afliftans,
ou pour mieux dire, tuteurs, dont le premier s'appelle *Samni*.

Je pris là-deflus occafion de luy demander leur maniere d'enfevelir leurs Rois.

On n'enfevelit pas le Roy, dit le Pere, on le brule, felon la couftume des Tartares. Le bûcher ne fe fait pas de bois, mais de papier, & l'on ne fçauroit croire la
grande quantité de papier que l'on y employe; car en faifant bruler le corps du
Prince, on brule avec luy dans le mefme temps toute fa garderobe, fes meubles &
fes trefors, avec toutes fes pierreries; & pour le dire en un mot, tout ce qui a
fervy au Roy defunt, ou qui eftoit deftiné à fon fervice, dont il n'y a que les animaux exceptez. Douze elephans avec des brides & harnois femez de turcoifes, d'e-
meraudes, de faphirs & d'autres pierreries d'une valeur ineftimable, trois cens
chevaux & cent chameaux furent chargez du trefor royal. Ce trefor fut déchar-
gé tout entier fur cette montagne de papier preparée pour bruler le corps. Le feu
y ayant efté mis, on vit couler comme des rivieres, l'or & l'argent qui fe fondoit
avec tant d'impetuofité, qu'il fe fit faire place fans l'aide des gardes au travers de la
populace, parmy laquelle il y a toujours quelqu'un qui cherche à profiter de la de-
pouille du mort. Il y a des ordres tres-rigoureux pour empecher ce defordre, &
des chaftimens tres-feveres contre ceux qui y contreviennent. Les Tartares ont
une grande fuperftition de faire en forte qu'il n'en refte pas mefme la groffeur de la
tefte d'une epingle, & ils employent l'or & l'argent qui ne fe peut pas confumer, à
acheter d'autre papier pour le bruler une autre fois en faveur de l'ame du defunt.
On fit le compte de la dépenfe du papier qui fervit au feu, & on trouva qu'elle fe
montoit à 70000. écus, & le trefor qu'on avoit brulé, à quarante *mille* millions.
Trois de fes domeftiques, fçavoir un confeiller, un chapelain & une concubine, fe
devoüent à l'ame du Roy, & luy facrifient leur vie auffitoft qu'il a expiré. Il dépend
d'eux de choifir tel genre de mort qu'ils veulent; ordinairement on leur coupe la
tefte qui eft auffi le genre de mort le plus ordinaire de ceux qui font condamnez à la
mort par juftice, hormis les foldats qu'on a couftume d'étrangler. Outre ces trois
ferviteurs il s'en trouve beaucoup qui s'offrent à la mort, portez autant par affe-
ction envers le Roy, comme par les mouvemens d'une religion fuperftitieufe;
mais s'il arrivoit que tous refufaflent de mourir, en ce cas ceux qui ont efté plus

A iij

avant dans les bonnes graces du defunt Roy font obligez de le fuivre en l'autre monde.

Je luy demanday en quoy confiftoient principalement les revenus du Roy.

Il dit qu'en la Chine toute la campagne eft en propre aux païfans, qu'ils payent au Roy à peu prés la dixieme partie des fruits qu'ils recueillent, & une autre part aux Mandarins, c'eft à dire aux gentilshommes, qui font maiftres des chafteaux d'où dépend la campagne qu'ils cultivent. Cette reconnoiffance qu'ils font au Roy fait un revenu ineftimable, à laquelle fe joint encore celuy du beftail de tout le Royaume; car le beftail eft au domaine du Prince. Les impofts qu'on leve encore fur le cotton & fur le ris font auffi fort grands. Outre cela il y a des mines dans la province de Tunan, c'eft à dire, nuée Auftrale; elles font fort riches en or, en faphirs, en emeraudes, & en toute forte de pierres precieufes qui enrichiffent auffi le royaume de Pegu, duquel cette province eft voifine. Enfin la quantité de l'argent que fourniffent les trois villes de Quangh-ceu, Canton & Nanquin, qui font les principales douanes du royaume, eft incroyable.

On luy demanda fi le Roy va fouvent par la ville, & combien il y a d'habitans dans Pekin.

Il dit qu'il avoit accouftumé de faire faire montre une fois le mois à fa milice, qui font fes gardes du corps, ce qu'il fait luy-mefme, la faifant exercer en mefme temps à tirer au blanc. On fait cet exercice dans une de ces prairies qui font entre l'une & l'autre enceinte des murailles de la ville; car elle eft enceinte de trois rangs de murailles, dont la plus avancée au dehors eft la plus baffe, & les autres plus élevées à mefure qu'elles approchent du corps de la ville, avec des foffez pleins d'eau, & de fort belles prairies. Dans cette prairie on plante une ftatue de bois, & le Roy commande à fes archers ou à fes moufquetaires de tirer en divers endroits de cette ftatue; à l'un il donne à tirer à une main, à l'autre à la tefte, & l'autre à la poitrine. Si le foldat ne frape pas la prémiere fois, il recommence une feconde & une troifieme fois, & s'il manque toutes les trois fois, il reçoit un bon nombre de coups de bafton, & outre cela il eft caffé. Pekin a bien à prefent un million d'habitans, ils difent qu'il y en a eu jufques à neuf millions, mais cela eft incroyable, veu le circuit de la ville, & la maniere de leurs baftimens qui n'ont qu'un feul étage.

Nous luy demandames dequoy ils couvrent leurs maifons.

Toutes de tuiles, répondit-il, & les maifons mefmes des païfans ne font pas couvertes autrement. Les tuiles du palais royal font emaillées par tout de couleur jaune & marbrées; elles font fort belles à voir de loin; & lorfque le Soleil donne deffus, elles reluifent comme fi elles eftoient d'or.

Nous luy demandames quelle religion profeffoient les Chinois.

Ils font tous idolatres dans le cœur, nous dit-il, & adorent dans leur particulier les idoles. Si l'on s'arrefte à l'exterieur il y paroift trois differentes fectes; la prémiere eft celle des gens de lettres, qui font profeffion d'adorer une fubftance fuperieure, appellée en leur langue *Sciax-Ti*: ils tiennent ces deux mots gravez fur des plaques d'or attachées dans leurs temples, & l'adorent par des facrifices, qui confiftent à faire bruler du papier doré, ou argenté, ou blanc, & en quelques petites bougies faites de ftorax & d'encens. Mais, comme j'ay dit, fi ils profeffent cette religion qui paroift avoir quelque chofe de noble, c'eft feulement dans l'exterieur, afin d'eftre diftinguez des autres, & principalement des Bonzi. C'eft un genre d'hommes qui a paffé de la Chine aux Indes; ce font gens fuperftitieux, idolatres, & d'une credulité ftupide. Au commencement ils eurent quelque forte de credit parmy les Chinois, comme il arrive ordinairement aux chofes nouvelles & qui ne font pas encore bien connues. La doctrine qu'ils y porterent de la tranfmigration des ames leur attira d'abord beaucoup de veneration, quoiqu'elle ne foit pas tout à fait femblable à celle de l'école de Pytagore; mais à la fuite du temps les fçavans de la Chine, plutoft par envie que par amour qu'ils euffent pour leur ancienne religion, se sont opposez à ces nouveaux-venus, & ont si bien prêché le culte de leur *Sciax Ti*, qu'ils ont ôté tout le credit à la religion des Bonzes, & les ont fait passer pour des fourbes, tellement qu'il n'y a pas maintenant en la Chine de gens plus décriez, ny de profession plus ignominieuse que celle-là, & mesme un honneste homme se garde bien de leur parler, ny d'avoir aucun commerce avec eux, si ce n'est dans la rencontre des enterremens, de faire des sacrifices ou des processions que ces Prestres idolatres font comme autant de mercenaires. La noblesse leur fait faire de ces processions aux occasions de nopces, de naissance d'enfans, & de semblables festes. La procession se fait au son de quantité d'instrumens, avec beaucoup d'enseignes & de banderolles qui accompagnent leurs idoles qu'on porte, & à l'honneur desquelles ils chantent des hymnes, & brûlent devant elles du papier & de l'encens. La seconde secte est la plus nombreuse, car elle comprend les nobles, les bourgeois des villes, le peuple, les païsans, & enfin toutes sortes de gens. Ils honorent les ames de leurs ancestres, ausquelles ils font de continuels sacrifices, aussi-bien dans leurs temples que dans leurs maisons en particulier, où ils leur brulent du papier & de l'encens. Tout le monde de la Chine fait ce sacrifice au bon & au mauvais Esprit, tous les matins en sortant de la maison. La troisiéme secte est celle des Bonzes, que nous avons dit estre de vrais idolatres.

Nous luy demandasmes ce que les Chinois croyent aprés la mort.

Ils croyent, nous dit-il, que tout le monde sera heureux, & qu'il ne luy arrivera que du plaisir & de la sagesse; mais ils ne penetrent pas plus avant, & ne disent point comment ces avantages peuvent arriver à l'ame des hommes, seulement ils la croyent immortelle. Puisqu'ils croyent (répondit Monsieur Dati) qu'ils seront tous heureux en l'autre monde, comment ne s'abandonnent-ils pas à toute sorte de déreglemens? Rien ne les retient de faire mal (repliqua le Pere) que les peines temporelles: ce n'est pas qu'ils ne croyent qu'il y a une espece d'enfer, où l'ame des méchans est tourmentée, mais ils ont le secret de se redimer de ces tourmens. Vous sçaurez qu'au dehors de Pekin, comme de toutes les autres villes principales, il y a un grand temple divisé en plus de trois cens chapelles fort petites; chaque métier a la sienne, & non seulement les métiers, mais chaque degré de condition, depuis les magistrats jusques aux pauvres qui demandent l'aumône. Ils croyent donc que l'Esprit qui doit tourmenter les ames de ceux qui ont mal vécu, loge dans la chapelle de la profession du pecheur. Le voleur, par exemple, qui aura dérobé, fait une petite offrande à l'Esprit punisseur des voleries, afin qu'il le delivre des tourmens. L'Esprit ne mange pas l'offrande, mais le Bonze qui en est le gardien y donne bon ordre, & ainsi des autres. Cela n'est pas tout à fait mal pensé, car il en arrive deux biens; ils se delivrent par là de la crainte de l'avenir, & ils font encore subsister par ces offrandes un grand nombre de canailles, qui autrement seroit à charge à tout le monde, en demandant l'aumône.

Nous demandasmes au Pere, si chez les Chinois il y avoit des ordres de vie Religieuse.

Parmy les Chinois, nous répondit-il, il n'y a point d'autre sorte de Religieux que les Bonzes, qui sont en general de tres grands scelerats, & infames pour l'amour qu'ils ont pour les garçons. Les occasions qu'ils en ont sont grandes; car on leur envoye la jeunesse pour l'instruire, & ils sont les maistres d'école de ces païs là. Cette infamie au reste n'est pas moins en usage chez les Tartares que parmy les Chinois, qui bien loin d'en avoir de l'horreur, en tiennent pour ainsi dire des academies publiques. Ce vice s'est étendu encore plus loin; car en Perse ils sont venus jusques à un tel point d'effronterie, qu'ils épousent publiquement des garçons; les peres mesmes n'ont point d'horreur d'y consentir, & de leur donner une espece de douaire comme à une de leurs filles. Mais pour retourner aux Religieux, il faut sçavoir que les Tartares ont aussi des Prestres, qui sont auprés d'eux comme les Bonzes, & font les sacrifices; ils sont vestus de robes jaunes ou rouges, qui leur descendent juſques à terre avec de grandes manches larges. Quelques-uns portent une mitre de papier, mais vont plus ordinairement la teſte découverte, ont toujours les pieds nuds, & en un mot leur habit reſſemble fort à celuy avec lequel on nous peint les Apoſtres. Cet ordre a ſes monaſteres de femmes Tartares, qui demeurent enfermées dans des cloiſtres baſtis ſur des montagnes fort rudes & de difficile accés, d'où elles ne ſortent qu'avec le congé de leurs ſuperieures, lorſqu'elles vont faire la queſte, & on choiſit toujours pour cela les plus vieilles d'entre elles. Ces Religieuſes font toutes vœu de pauvreté, de chaſteté & d'obeïſſance: elles vont la teſte découverte, & ont les cheveux tondus en rond juſques aux oreilles: leur habit eſt ſemblable à celuy des Bonzes, hormis que la couleur en eſt rouge, & celle de l'habit des Bonzes eſt comme griſe.

On luy parla des ſciences des Chinois.

Ils ont, dit-il, les œuvres de Confucius, qui eſt auprés d'eux dans la meſme eſtime qu'Ariſtote l'eſt chez les Moines. Confucius vivoit il y a environ trois mille ans; il leur a laiſſé une eſpece de Philoſophie morale, avec divers mélanges de Theologie & de Philoſophie naturelle. Le ſoixante & troiſiéme de ſes deſcendans eſt encore reconnu aujourd'huy dans le païs, je l'ay veu, il eſt extremement riche, & porte le titre de Prince, que les Rois de la Chine ont toujours conſervé à ſes deſcendans, tant eſt grande la veneration qu'ils ont pour cet homme. Outre la doctrine de Confucius ils ont beaucoup d'inclination pour la ſcience des nombres; mais ils n'ont qu'une Geometrie tres-imparfaite qui enſeigne ſimplement les operations les plus groſſieres de la mechanique; auſſi n'ont-ils aucune lumiere de la Perſpective, ny des autres parties de l'Optique: d'où l'on peut facilement juger de l'eſtat où ſont auprés d'eux les arts de la Peinture & de l'Architecture. Leur plus forte application eſt pour la Chiromancie, la Metopoſcopie, la Magie, & ſemblables amuſemens. Ils ſe piquent ſur tout d'excellens maiſtres en Aſtrologie judiciaire.

Nous le priaſmes de nous dire quelque choſe de leur langue & de leurs lettres.

Quant à la langue, il nous répondit qu'elle eſtoit fort pauvre, n'ayant au plus que quatre cens paroles, que les noms ſont indeclinables, & qu'on n'employe les verbes que dans l'infinitif. Si V. P. luy dis-je, vouloit encore reſter huit jours à Florence, je pourrois eſperer d'apprendre ſi bien la langue, qu'on me prendroit pour un veritable Chinois. Le Pere ſe prit à rire: Il vous arriveroit aiſément, dit-il, aprés cette étude de huit jours d'appeller pourceau celuy que vous voudriez traiter de Monſieur; car toute la force de la langue Chinoiſe conſiſte en la diverſité des accens, des inflexions des tons, des aſpirations, & d'autres ſemblables changemens de voix, leſquels ſont, pour ainſi dire, infinis. Par exemple *Ciu* prononcé ainſi ſimplement, n'a aucune ſignification; *Ciuuuu* prononcé en allongeant la prononciation de l'*u*, & en éclairciſſant toujours la voix, ſignifie Monſieur. *Ciu* avec l'*u* prolongé, mais en luy conſervant toujours le meſme ton, ſignifie un pourceau. *Ciu* prononcé avec viteſſe, ou pour mieux dire, en le décochant plutoſt de la bouche qu'en le proferant, ſignifie cuiſine. Et enfin *Ciu* prononcé au commencement d'une voix forte, qui s'affoibliſſe ſur la fin, ſignifie les pieds d'une eſcabelle. Or voyez, continua-t-il à dire, comme une meſme parole peut avoir cinq differentes ſignifications. De meſme *Tien* prononcé ſimplement ne ſignifie rien, ſi on le prononce aigu de ſorte qu'il faſſe *Ti--en*, il ſignifiera doux: ſi on accente l'*i* en cette forme *Ti-en*, il voudra dire du pain. *Tien* prononcé viſte ſignifie un pied de table, ou d'un lit. Tout ce qu'il y a de bon en cette langue eſt que les paroles ſont monoſyllabes, & qu'elles ſe peuvent joindre diverſement l'une avec l'autre. L'art de joindre ainſi les paroles eſt fort difficile, & pour l'apprendre il faut une tres-grande étude: mais le pis eſt qu'ils n'ont ny caracteres ny alphabet, & qu'ils expriment ou écrivent tout avec des chiffres ou figures, qui ſignifient quelquefois deux ou trois paroles, & ſouvent auſſi des periodes entieres; de là vient qu'ils ſont contraints d'écrire ces cinq ſignifications qui s'expriment par le mot *Ciu*, par cinq differens chiffres, faute

de

de caracteres ou d'accens, au lieu qu'il nous feroit facile de les diftinguer par divers accens que nous mettrions diverfement fur une mefme parole, & mefme ce qui eft encore plus beau dans les autres Langues, quoiqu'une mefme parole puiffe recevoir plufieurs fignifications, nous ne laiffons pas de connoiftre celle qui luy convient à l'endroit du difcours où nous la trouvons; car les paroles qui precedent & qui fuivent nous la determinent. Mais pour retourner au mot *Ciu*, outre les cinq differens chifres de fes cinq diverfes fignifications, fi j'ay deffein d'écrire, bon jour Monfieur, je ne me ferviray pas du caractere qui fignifie bon, ny de celuy qui veut dire Monfieur, mais je feray obligé de me fervir d'un caractere different de ces deux là, qui feul expliquera ces trois paroles, bon jour Monfieur; & fi je voulois écrire, ouy Monfieur, je laifferois pareillement le caractere de ouy, & celuy de Monfieur, pour me fervir d'un autre qui fignifieroit tout feul, ouy Monfieur : or voyez combien de caracteres il doit y avoir en cette Langue. De là vient qu'il eft plus difficile de lire le Chinois que de l'écrire; car pour fe faire entendre en écrivant, c'eft affez de fçavoir les fimples caracteres des paroles, car les joignant enfemble l'on fçait ce qu'elles veulent dire; mais cette maniere d'écrire paffe chez les Chinois pour baffe, & n'eft en ufage que parmy le peuple, au lieu que pour les gens de Lettres il faut fçavoir non feulement ces caracteres ou chifres, mais auffi leurs diverfes compofitions, dont on compte jufques à 74. mille, & qui en fçait davantage, paffe pour plus fçavant que les autres, c'eft à dire pour plus capable de lire & entendre un plus grand nombre de livres que les autres; & c'eft de là que vient la grande difficulté qu'il y a d'apprendre cette Langue, parce que n'ayant point de lettres, on n'a point auffi de dictionnaires qui enfeignent l'explication des mots, qu'on eft contraint d'apprendre par cette raifon en les entendant prononcer de vive voix, & retenir le ton, les difant & redifant juftement comme un perroquet qui apprend à parler. Les Peres Jefuites ont fait imprimer une efpece de catechifme & quelques dialogues, l'un pour apprendre les termes propres à difcourir des myfteres de la Foy & les enfeigner aux Chinois, & l'autre pour les paroles dont on a plus affaire dans la converfation ordinaire; l'on en fçait affez pour ces ufages en retenant neuf mille caracteres qui font dans ce livre.

Ce difcours me fit quitter l'envie que j'avois prife trop legerement d'apprendre le Chinois en fix jours, & mon efprit au contraire eut bien de la peine à concevoir que la vie d'un homme fuft fuffifante pour connoiftre un fi grand nombre de chifres, les demêler quand ils font joints, & en retenir la figure & la fignification : & cependant que je cherchois quelque exemple qui me puft aider à comprendre comme ils y peuvent reüffir, & en venir à bout, il me fouvint fort à propos des figures qui fervent aux demonftrations des Geometres; car quoique ces figures foient embaraffées de lignes, de triangles, de quarrez, de cercles, & d'une infinité d'autres figures, qui fe font par la rencontre & interfection des lignes, neantmoins à la premiere veuë il ne me vint pas feulement dans l'efprit ce qui eft démontré par le moyen de ces lignes, mais encore beaucoup d'autres veritez qu'il a fallu démontrer avant que d'en venir là, par un grand nombre de figures qui me reviennent dans l'efprit, quoiqu'il n'en apparoiffe aucune dans la figure, ny rien de la demonftration qu'elles établiffent; car toutes ces figures & veritez fe fuppofent comme déja démontrées: il y a encore cette difficulté, que les figures des demonftrations Geometriques doivent eftre confiderées quelquefois comme une ligne droite, tantoft pour la bafe d'un triangle, après comme le diametre d'un cercle, ou l'un des foyers d'un ovale, tantoft comme le cofté droit d'une parabole, & comme le latus transverfum d'un autre. Cette confideration me fit admirer davantage la force de l'efprit humain, & diminua d'autant de l'eftonnement où j'eftois de la fcience des livres Chinois; car nos Geometres qui ont dans l'efprit toutes les figures d'Euclide, d'Archimede, &c. & qui voyent en un moment la demonftration de la verité qu'elles prouvent, & la fuite d'un grand nombre de confequences qu'il

IV. Partie.   **B** en faut tirer les unes des autres, semblent en cela faire quelque chose de plus difficile que les Chinois, qui expliquent les figures de leurs livres qu'ils se sont imprimez dans l'esprit par un long usage, en y employant tout le temps de leur vie.

Le Pere Grueber dit, au sujet des mariages, que les Chinois qui ont atteint l'âge de dix-huit ans ou environ, se marient, & prennent une femme, qui est leur seule legitime espouse, & ils en ont un douaire proportionné à leurs facultez ; ils la peuvent toujours repudier en rendant le douaire qu'elle leur a apporté. Le pere qui marie sa fille, le fait sans esperance de la revoir jamais ; il l'enferme dans une espece de chaise, dont il donne la clef à la femme qui a traité le mariage (car les mariages se traitent par l'entremise de femmes qui en font profession.) Cette femme la donne au mary, qui n'ouvre la chaise que dans sa chambre. Les filles qui sont Damoiselles, lorsqu'elles sortent de leurs maisons, vont dans des littieres, à cheval, ou sur des asnes, mais toujours voilées ; celles qui sont de plus basse condition, vont le plus souvent à pied, & aussi voilées ; les femmes publiques en usent de mesme. Il adjoûta sur ce mesme sujet, qu'aprés avoir pris une femme, ils peuvent entretenir tel nombre de concubines qu'ils veulent, dont ils en ont de deux sortes, les unes libres, & les autres esclaves ; les libres sont des filles naturelles de Gentilshommes, ou autres personnes, qui pour se décharger de tant d'enfans, qu'ils ont ordinairement à cause du grand nombre de leurs concubines, donnent leurs filles pour concubines, pour des sommes fort mediocres qu'ils en retirent, & qu'ils ne rendent point à ceux à qui ils les ont prises, lors qu'ils les repudient. Les enfans qu'ils en ont demeurent auprés du pere ; s'il s'en veut defaire, il le peut en donnant une certaine pension à la mere & aux enfans pour vivre. Les concubines esclaves sont ordinairement des filles de bourgeois, qui s'en défont par la mesme raison que les Gentilhommes, les faisant mener aux marchez dans les villes pour les vendre, les filles pour servir de concubines, & les masles pour valets ; mais il leur est ordinaire de noyer tous leurs enfans, tant les masles que les femelles, qui viennent au monde estropiez, ou avec quelqu'autre defaut. Pour revenir aux concubines esclaves, l'on en peut choisir entre les plus belles pour une quinzaine d'ecus. La condition de ces personnes est au reste fort miserable ; car ceux qui les achetent, les font servir à porter de l'eau, & les employent à tous les services de la maison les plus vils & les plus penibles. Si le maistre s'en veut divertir, elles ne le peuvent pas refuser, car c'est là la premiere condition de leur achat, & quoiqu'elles soient d'une race aussi élevée que la leur, avec tout cela l'on leur coupe la teste quand elles sont surprises en adultere. Les Religieux Catholiques se servent plus de ces concubines que d'autres, pour faire insinuer les mysteres de la Foy Catholique dans l'esprit des femmes, & enfans des plus grands du pays, elles s'y prennent fort bien, & beaucoup de ces femmes se convertissent aussi dans le cœur, mais l'on ne juge pas à propos de les baptiser, à cause de la necessité en laquelle elles vivent d'accorder tout à leur maistre.

Sur l'estat present de la Religion Catholique à la Chine, qu'elle se professe librement par tout l'Empire, & que dans toutes les Eglises des Catholiques il y a une copie de l'Edit du Roy qui approuve nostre Religion : qu'il est taillé dans une pierre en un lieu fort élevé, à la veuë de tout le monde : que les Chrestiens estoient en grande veneration dans toutes les Provinces de la Chine, & qu'il estoit libre à tout le monde aussi bien aux Tartares qu'aux Chinois d'embrasser la Foy Catholique : que les gens de Lettres estoient en bonne intelligence avec nos Missionaires : que la plus grande opposition leur venoit du costé des Prestres Idolâtres : qu'il avoit laissé à la Chine vingt-six Jesuites, dont il y en avoit quatre à Pekin, avec deux laïcs Chinois, six Jacobins & deux Carmes Déchaussez. L'habit des Missionaires est comme celuy des gens de Lettres ; ils portent une robe de damas blanc, qui traisne jusques à terre. Le Pere Adam Schall est un de ces quatre Missionaires Jesuites qui sont à Pekin. Il y a quarante-cinq ans qu'il est à la Chine, également estimé du Prince & de ses Sujets.

Nous demandafmes enfuite de quelles monnoyes & de quels poids fe fervent les Chinois.

Il nous repondit qu'ils n'ont qu'une feule monnoye marquée, appellée *Cuxa*, qu'elle eft de fort bas alloy, & de la valeur de nos doubles: fur l'un de fes coftez eft écrit le nom du Roy, & de l'autre le nom de la monnoye. 300. pieces de cette monnoye font un *Lexu*, qui eft environ un ecu de la noftre. Ils divifent le *Lexu* en dix *Zien*, en huit *Fueu*, & un *Fueu* en..... *Caxa*. Du refte ils employent auffi pour monnoye de l'or & de l'argent, qu'ils taillent par morceaux, à mefure qu'ils le depenfent, portant pour cet effet dans leurs bottes ou brodequins des cizeaux & une balance.

La livre Chinoife fait feize de nos onces; leur mefure ordinaire eft la coudée. Les vivres y font à grand marché auffi bien que les habits, & pour cinq *Fuca* qui font cinq de nos fols marquez, l'on aura une poule fort groffe & le refte à proportion.

Nous l'interrogeafmes fur leurs boiffons, & fur leur table.

Ils n'ont point de vin (dit-il) quoique leur pays produife de fort beaux raifins; nous en faifions quelquefois, dont ils buvoient avec plaifir, mais en cachette, à caufe que cette nation, qui prefume infiniment d'elle-mefme, a pour loy de punir cruellement ceux qui veulent introduire quelque nouvelle mode pour le vivre. Leur boiffon ordinaire eft le Thé & le vin de ris; ils le tirent apparemment par le moyen de l'alambic, & par diftillation; je dis apparemment, parce qu'ils ne veulent pas enfeigner le fecret d'aucun art aux etrangers, s'ils ne jurent de le profeffer, & il y va de la vie pour ceux qui contreviennent. Ils tiennent pour un grand delice de boire chaud, & leur boiffon eft toujours fur le feu dans quelque vaiffeau proche de la table. Ils mettent l'efté dans leur boiffon un peu de glace, mais ils ne l'y laiffent qu'un moment, pour ne pas perdre leur delice ordinaire de boire toujours fort chaud; il leur fuffit que le vin en tire, comme ils difent, la fraicheur, pour rafraichir l'eftomach qui attire en un moment cette vertu. Ils conferment la glace comme nous faifons en Europe, & on la vent par les villes à fort bas prix; ils fe fervent plus de glace pour leurs fruits que pour leurs boiffons, car ils les aiment fort frais. Mais pour revenir à leurs boiffons, le vin de ris eft d'un blanc, qui tire fur la couleur d'ambre, & teint d'une couleur jaune doré, fort belle; il a un gouft fort delicat, & il y en a de fi bon, qu'il ne nous plaifoit pas moins que le vin d'Efpagne. Les perfonnes du commun boivent dans des vaiffeaux de terre, mais ceux des plus riches & des nobles font d'or & d'argent, & relevez affez groffierement en boffe. Les plus grands Seigneurs du pays fe fervent de vaiffeaux faits de corne de Rhinoceros, ornez de figures de bas relief, enrichis d'or, & quelquefois des vivres, il ne leur manque rien de tous ceux que nous avons en Europe, de venaifon, de gibier, toutes fortes de fruits & de legumes. Pour les epiceries, ils les ont meilleures que nous, car ils font plus prés des Moluques. Leur froment eft fort bon, & quoiqu'ils foient venus jufques à en faire de la farine, ils n'en fçavent pas faire du pain, au lieu dequoy ils fe fervent de ris cuit dans l'eau, puis roty & refeché, qu'ils prennent avec certains baftons qui leur font de mefme ufage que nos fourchettes; ils tiennent de la main gauche une ecuelle pleine de ce ris dont ils prennent une quantité avec ces baftons à chaque bouchée de viande. Ils n'ont point de gouft pour l'affaifonnement des viandes; dans le mefme pot ils font cuire le porc, le lievre, le poiffon, le veau & le faifan; fur ces viandes le bon cuifinier jette de l'eau tant qu'elles foient cuites, & il emplit de cette olla podrida fes ecuelles, ce qui leur tient lieu de potage. La chair qu'ils mangent le plus ordinairement eft celle de porc, le mouton y eft auffi en grande eftime; les pauvres gens mangent de l'afne, du chien, du chat, &c. Il y a mefme des boucheries feparées pour toutes ces fortes de viandes. Les pieds de chien fumez & fechez, comme nous faifons nos anguilles, eft un manger fort eftimé parmy eux; ils en font leur

deffert, & tiennent que ce mets fortifie l'eſtomach. Ils ſervent dans differens plats
chaque ſorte de viande. Ils ont deux ſaulſes ordinairement à leur repas: la premiere eſt une eſpece de paſte de feveroles, qu'ils font de cette maniere. Ils font
macerer les feveroles dans de l'eau, les remuent ſoigneuſement, & aprés qu'il s'eſt
fait ſur cette eau une eſpece de croute ou peau verte, ils la font paſſer au travers
d'un gros linge, & la mettent aprés ſur des vaſes pleins d'eau dans leſquels tombe la
paſte la plus fine, & les ecorces reſtent dans le linge, ils ſe ſervent de cette paſte au
lieu de ſaulſe pour leurs viandes, & l'on peut dire qu'elle leur tient lieu de ſel, car ils
les ſalent pas autrement, quoique dans les Provinces les plus Occidentales ils
ayent abondance de puits & de fontaines ſalées. L'autre ſaulſe eſt appellée Mi-ſſo;
elle eſt faite d'une farine de grain corrompuë, qui eſt d'une puanteur inſuporta-
ble; on ne la met pas dans le pot en faiſant cuire les viandes, mais ils la ſervent
dans des plats ſeparez, & ſaulſent leur viande dans cette epouvantable moutarde.

Dans les feſtins, & aux tables des grands Seigneurs, ils regalent ou garniſſent les
plats de diverſes manieres, mais preſque toujours de ris, d'herbages, ou d'œufs durs
coupez par morceaux & fricaſſez; avec tout cela c'eſt une mort pour un Europeen
de ſe trouver à de ſemblables tables; les etrangers qui y ſont conviez font auparax-
vant un bon repas chez eux, car ils ſont aſſeurez de ne trouver rien ſur ces tables,
dont ils puiſſent manger. L'on dreſſe des tables tout autour de la ſalle deſtinée pour
faire le feſtin; on ne met jamais à chaque table plus de trois des conviez, & le maiſtre du logis s'aſſied ſeul à la derniere. Ils n'ont point de napes: il y a autant de couverts ſur la table comme il y doit avoir de gens aſſis autour; leurs couverts conſiſtent
en une taſſe pour boire, une aſſiette de ris, le plat de Mi-ſſo, & en deux de ces petits
baſtons de bois qui ſervent au lieu de fourchettes. Toute leur vaiſſelle eſt de por-
celaine, celle du Roy, comme du plus ſimple artiſan; toute la difference conſiſte à
eſtre plus ou moins fine. Les conviez eſtant aſſis, l'ecuyer tranchant entre avec le
premier ſervice, & aprés l'avoir fait diſtribuer à toutes les tables, il fait ſigne que
l'on mange: ceux qui mettroient la main au plat avant ce ſignal, recevroient
une bonne mortification, & paſſeroient pour des gourmands & mal apris. Ce ſignal ſe fait en diſant Ziu, qui ſignifie (je vous convie) auquel ſignal les conviez
repondent tous Ziu ziu ziu, ſe le diſant l'un aprés l'autre, comme font nos Preſtres,
en s'embraſſant & ſe donnant la paix; cela eſtant fait, ils mettent tous enſemble la
main aux plats, portent la viande à leur bouche, & ſi quelqu'un ne mange pas en
meſme temps que les autres, l'ecuyer les en crie tout haut, la perfection de ce feſtin
conſiſtant en ce que chacun mange en meſme temps, autrement le feſtin paſſeroit
pour mal ſervy & ſans ordre. Lors qu'il ſemble à l'ecuyer tranchant que l'on ait
ſuffiſamment mangé du premier ſervice, il fait ſervir le ſecond, & aprés celuy-là le
troiſieſme, en faiſant toujours obſerver les meſmes meſures & ceremonies, &
quand le temps luy ſemble propre pour faire donner à boire, il fait le meſme ſignal
qu'auparavant, afin que l'on boive, à condition de vuider le verre. A la premiere
fois que l'on boit, les Comediens paroiſſent; de ces Comediens les uns ſont pu-
blics & vont jouer pour de l'argent dans les maiſons, les autres ſont entretenus par
les grands Seigneurs; les plus qualifiez en entretiennent quelquefois pluſieurs
compagnies, comme on a les bandes de violons en France. Ces Comediens ont
des habits fort riches; ils vont d'abord à celuy qui eſt aſſis à la place d'honneur de
la table, & luy preſentent le livre de leur Comedie, le priant de leur marquer le ſujet
qu'ils ont à repreſenter. Celuy-là par civilité l'envoye à un autre, & ainſi de main
en main juſqu'à ce que le livre arrive au maiſtre du logis, qui enfin leur dit de repreſenter la Comedie qu'ils voudront. Cette Comedie dure environ un quart
d'heure; leurs ſujets ſont tirez la pluſpart des belles actions de leurs Rois & de leurs
Reines. La Comedie eſtant achevée, l'ecuyer revient avec d'autres viandes, &
aprés que l'on les a deſervies, & beu, les Comediens reviennent, & recommencent
la meſme ceremonie de preſſer les conviez de leur dire le ſujet qu'ils doivent

joüer; cette feconde Comedie eſtant finie, l'ecuyer vient derechef, & ce mauvais divertiſſement dure l'eſpace de ſix ou ſept heures. J'oubliois à dire une choſe (ce dit le Pere) qui eſt qu'ils n'ont point d'olives à la Chine; ils ſe ſervent de trois autres ſortes d'huiles; chez les perſonnes les plus riches l'on employe de l'huile du fruit qui vient aux ronces, qui eſt une liqueur fort douce & delicate, qu'ils tirent, je ne ſçay comment, des fleurs de cette plante, dont ils ont en auſſi grande quantité que nous avons icy les orties. Les gens de plus baſſe qualité font une autre huile d'une certaine graine qu'ils appellent Telſelin, qui aproche du gouſt de l'huile de ſeſame, & eſt un peu amere. Les payſans de meſme qu'en Pologne ſe ſervent la plus part d'huile de lin, ou d'une autre liqueur tirée d'une plante qu'ils appellent *Ma ſeu*, laquelle ſent fort mauvais. Ils ne mangent point de ſalades ny d'autres herbes cruës, ils conſervent pourtant les fruits dans le ſel & le vinaigre; en un mot ils ont le gouſt fort peu delicat, & ſont fort ſalés en leur manger. Lorſque l'on nous donnoit quelque lievre ou faiſan, nous n'avions pas le cœur de le voir accommoder à noſtre cuiſinier Chinois, nous l'embrochions nous-meſmes, nous le faiſions cuire, & le mangions dans la plus ſecrete de nos chambres, aprés avoir mis ordre que pendant ce temps là l'on n'ouvriſt à perſonne, qu'à ceux que le Roy envoyeroit; & pour n'eſtre point ſurpris, un de nous ſe tenoit à la feneſtre, afin que voyant paroiſtre de quelqu'un de la Cour, il couruſt auſſi toſt nous en avertir.

C'eſt une choſe ſurprenante, repliqua Monſieur Dari, que ces peuples qui ont une ſi grande abondance de brebis & de vaches, ne ſçachent pas preparer le lait pour en faire du fromage autrement qu'en y employant des feveroles pourries.

Cela vient, repondit le Pere, de leur vanité, car vous ſçaurez qu'ils ne veulent rien apprendre des étrangers, & encore moins des Tartares; & c'eſt aſſez que les Tartares faſſent du fromage, pour les empeſcher d'en faire, à cauſe de l'horreur qu'ils ont pour cette nation. J'aurois la meſme peine à manger du fromage des Tartares, que des laitages que font les Chinois, la puanteur en eſtant inſupportable. Ils les font en forme de craquelins, les enfilent par centaines avec des cordes, & les pendent à leurs boutiques pour les vendre; ils ſont d'une paſte ſi dure, que la pierre ne l'eſt pas davantage. Quand ils en veulent manger ils les mettent ſur le feu, où ils ſe ramoliſſent comme de la cire.

Il eſt bien vray que ſi les Chinois ſont peu difficiles en leur manger & boire, ils n'en ſont pas de meſme à l'égard de leur dormir. L'hyver ils mettent des matelats de cotton ſur certains petits fourneaux ou etuves quarrées, qu'ils appellent *Caü*, où ils entretiennent un feu moderé. Ils ont des draps fort fins de toile de cotton, (comme ſont toutes leurs autres toiles, car ils ne ſe ſervent de lin que pour faire de l'huile, & du chanvre à faire des cordes.) Aux quatre coins de ce *Caü* il y a des colomnes comme à nos lits, & au ciel du lit que ces colomnes ſoutiennent, ſont attachez ces rideaux, qu'ils appellent *Cai-ià*. L'hyver ces rideaux ſont de drap, ou de quelqu'autre etoffe qui a du corps, & l'eſté d'un voile tres-fin, pour empeſcher les couſins. Le froid eſtant paſſé, ils tranſportent les matelats ſur des planches, ou ſur des tables, comme les noſtres; & dans le cœur de l'eſté, au lieu de laine, ou de cotton, ils rempliſſent ces matelats d'une eſpece d'Alga marine ou Gouemon ſeche, mais qui eſt plus deliée & plus douillette que de la ſoye; cette herbe entretient un frais admirable. Le chevet de leurs lits & les oreilliers ſont fait d'une façon fort jolie; les uns & les autres ſont faits d'ecliſſes fort deliées de roſeaux que nous appellons cannes d'Inde; ainſi ils ſont vuides par dedans, & ſeulement remplis d'air, ce qui eſt un delice incroyable, car ils ſont liſſes, & cependant fort douillets; ils ne s'enfoncent que fort peu, & la teſte par cette raiſon ne demeure pas enſevelie dans la plume; outre cela ils brandillent toujours, de ſorte que l'on a la teſte, pour ainſi dire, ſur des reſſorts, & en ſe retournant d'un coſté ſur l'autre, ſelon qu'il font reſſort, & ſe remettent, ils font ſortir un air frais qui vous evente le viſage, ce qui eſt d'un grand ſecours dans les nuits etouffantes de l'eſté.

Leurs chaises sont faites de la mesme maniere, le dossier & l'apuy des bras est fait avec ces eclisses, ou brins de canne d'Inde. La figure en est fort commode pour s'y seoir ; les Tartares pourtant ne veulent point tant de delices, ils dorment à terre sur des tapis , comme font les Turcs.

Nous luy parlasmes de la magnificence du Thrône sur lequel le Roy paroist dans les fonctions publiques.

Il nous repondit que les Rois Chinois avoient toujours paru avec beaucoup de magnificence, mais que le Roy des Tartares qui regne maintenant à la Chine, s'assied à terre sur un tapis.

Monsieur Dati prit la parole pour sçavoir du Pere en quoy les Chinois faisoient le plus de dépense.

Il repondit que c'estoit à leurs funerailles, à cause de la grande quantité de cire qu'ils y consomment, aux parfums qu'ils brûlent, & à la fabrique des statuës ou representations de bois, & en encens qu'ils brulent devant le corps du mort, mais sur tout dans la depense du cercueil où ils mettent le mort. Ils le font (nous dit-il) de bois precieux, comme d'aloës, de sandal rouge & blanc, & d'autres bois fort rares d'un tres-grand prix, & cela au lieu de l'embaumer.

Nous luy demandasmes la qualité de l'air du pays, & combien ils vivent ordinairement.

L'air, nous dit-il, y est bon par tout, & cela est si vray, que les paysans qui menent une vie reglée, parviennent jusques à la derniere vieillesse ; il y en a beaucoup qui vivent jusques à cent ans. Pour les nobles, quand ils ont atteint l'âge de quarante ans, ils sont vieux, & ceux qui en ont cinquante passent pour decrepits, cela vient de la debauche continuelle qu'ils font avec les femmes, & de l'excés de leurs tables, en quoy ils n'ont nulle retenuë. Les filles de qualité n'arrivent gueres à l'âge de trente ans, ce qui vient d'une coutume ridicule qu'elles ont de bander leurs pieds, en la petitesse desquels consiste tout ce qui paroist de leur beauté, (car on ne leur voit que cette partie du corps decouverte.) Leurs meres leur lient les pieds d'une si étrange maniere, aussi-tost qu'elles sont nées, que les canaux par où doit passer la nourriture de ces parties, estant bouchez, elles n'arrivent point à leur grosseur naturelle, & l'empeschement que ces liens apportent à la circulation du sang, leur altere vray-semblablement & gaste la complexion.

Nous luy demandasmes quelles estoient leurs plus grandes festes.

Ils en celebrent trois, nous répondit-il : à la nouvelle Lune de Fevrier, au mois de Novembre, & le jour de la naissance du Roy. A chacune de ces trois festes le Roy sort par la ville, accompagné de tous les Seigneurs de sa Cour, des Mandarins, (c'est à dire des nobles) des Magistrats ou officiers de Justice, des gens de lettres, &c. chacun en habit qui marque son rang. Ces habits sont fort differens, il n'y a que le Roy qui puisse porter une perle au haut du bonnet. Les grands Seigneurs portent diverses pierreries, & plusieurs aussi une perle, mais accompagnée ou d'un rubis, ou d'une émeraude, ou d'un bouton de jaspre ; car il n'y a que le Roy, comme nous avons dit, qui la porte seule ; les autres marques de Royauté sont deux cicognes qu'il porte sur la poitrine, faites d'une riche broderie d'argent. Les Mandarins y portent d'autres animaux ; il y en a de neuf ordres ou degrez, dans lesquels se distingue tout le corps de la noblesse, chacun ayant le sien. Le premier a une gruë pour marque de son rang ; le second, un lion ; le troisiesme, un aigle ; le quatriesme, un paon ; pour ce qui est des autres, je ne m'en souviens pas, ny de la difference des habits des Magistrats & des gens de Lettres. Je me souviens bien pourtant d'un de ces habits des sçavans, c'est de celuy des Mathematiciens, lesquels portent quatre petites tables quarrées de jaspre penduës avec des cordons de soye à leur ceinture, dans le milieu de chacune des tables est enchassé un rubis ; ils ont aussi un rubis au haut de leur bonnet, & une perle. Les couleurs les plus ordinaires dont ils s'habillent sont le rouge, le violet, l'orangé & le bleu.

Nous avons déja dit que les Bonzes eſtoient habillez de gris, & les gens de Lettres de blanc. Il me ſouvient qu'à la feſte de la Lune de Fevrier ils font tous quelques pieces de fonт, ſur leſquelles ils repreſentent la figure du Croiſſant ou nouvelle Lune, & auſſi qu'ils appellent cette feſte le ſacrifice du Lievre.

Nous luy demandaſmes s'il eſtoit vray que les Chinois euſſent des memoires ſi
anciens, & de tant de milliers d'années, comme pluſieurs diſent.

Il nous dit qu'ils en avoient au deſſus du temps du Roy Tao, qui vivoit il y a
4700. ans; ils neſçavent rien davantage de leur hiſtoire, ny du commencement
ou de l'ancienneté du monde.

Sur l'article de leur habilité dans l'art de la Navigation, & s'ils croyent à la Chine qu'il y ait quelque paſſage d'Aſie en Amerique par terre.

Il nous dit, que leur ſcience dans l'art de naviger eſt fort imparfaite; que
l'uſage de la bouſſole leur manque, ou pour mieux dire, que leur bouſſole eſt
fort imparfaite : que les plus grandes barques qu'ils ayent ne peuvent porter
plus de cinquante hommes, que leurs voiles ſont faites de . . . . ou
natte, mais qu'ils vont à tout vent, ayant en cela une adreſſe particuliere : que
leur maniere de ramer eſt differente de la noſtre, parce qu'ils remuent ſimplement
les rames devant & derriere. De là il conclud que veu l'imperfeſtion de l'art, ils
ne peuvent pas naviger fort avant ſur mer, mais ils côtoyent toujours d'aſſez prés
la terre. A l'autre particularité du paſſage en Amerique, il répondit n'en ſçavoir
rien de particulier, parce que les Hollandois ny les Anglois n'ayant pas pû pouſſer
la navigation de la Mer glaciale, n'ont pas commerce vers ces quartiers-là, & les
Tartares ne trafiquant pas, ne ſont pas gens à le tenter pour une ſimple curioſité,
& enfin les Chinois ne ſortiront pas de leur pays pour prendre cette peine. L'o-
pinion pourtant eſt qu'il y a un paſſage, ou qu'au moins l'Aſie n'eſt ſeparée de l'A-
merique que par un trajet de mer fort court, puiſque l'on voit paroiſtre de temps
en temps dans les parties Mediterraines de la Tartarie, des animaux de l'Amerique, qui ne pourroient pas y venir, ſi la terre ferme n'eſtoit continuée, ou ſi la di-
ſtance n'eſtoit telle, qu'on la pût paſſer aiſément à la nage.

Nous luy demandaſmes en ſuite des danſes, des jeux & des jardins des
Chinois.

Les Chinois (repliqua le Pere) ne danſent point, mais bien les Tartares, & cela entr'eux, car les femmes ne danſent jamais avec les hommes. Leur muſique ne
conſiſte qu'à battre les paulmes des mains l'une contre l'autre, ou fraper ſur quelque metal qui ait le ſon clair. Pour ce qui eſt des jeux, les Chinois en ont de toute ſorte, le balon, les dames, les échets; ils jouent à la morra, aux dez, aux cartes, &
auſſi au balon qu'ils pouſſent du pied avec une adreſſe admirable; ils ne font point
de partie, ils jouent ſimplement cinq ou ſix enſemble, ſe renvoyant le balon
l'un à l'autre avec le pied; j'ay veu une fois un balon plus d'un quart d'heure en
l'air ſans tomber à terre. Pour les Jardins, ce ſont proprement des enceintes de
prez faites pour jouer au balon. Ils n'ont point d'autres fleurs de ſenteur que les
jaſmins; les roſes y ſont belles, mais ſans odeur; ils ont des tulipes, des violettes,
& des hyacinthes; pour les anemones, ils ne les connoiſſent pas meſme de nom.
Du reſte la grande quantité d'eau rend leurs jardins fort verds & fort agreables; il
eſt vray qu'ils n'ont pas beaucoup d'induſtrie pour les dreſſer. Tout ce que j'ay veu
de beau en cette matiere, eſt dans le jardin du Roy, où il y a une grande caſcade
d'eau qui tombe d'un rocher de bronze couvert d'arbres d'une meſme matiere.
Les Chinois ſont fort excellens maiſtres en l'art de la fonte des metaux, & leur
artillerie eſt fort belle.

A cette occaſion on luy parla de leurs autres arts, & principalement de celuy de
la medecine & de leurs medecins. Les medecins, ſuivit le Pere, ſont excellens à
connoiſtre par le poulx, la nature & les accidens particuliers des maladies; il eſt
bien vray que pour ce qui eſt des remedes, ils reüſſiſſent en cela comme tous les au-

tres, c'est à dire, en devinant, & par hazard. Je puis dire l'un & l'autre par experience, puisqu'estant tombé malade à un mois & demy de chemin de la ville de Pekin, & y estant arrivé comme il plust à Dieu, je fus aussitost visité par un Medecin du Roy, que le Pere Adam Schall fit venir. Ce Medecin aussitost qu'il fut entré dans ma chambre me fit seoir, & me laissant reposer quelque temps, me fit aprés poser les deux bras découverts jusques au coude, sur une table ; il commença à me taster le poulx des deux bras, me les serrant tantost fort, tantost ne me pressant que fort doucement l'artere, quelquefois me pressant également les arteres des deux bras, tantost me pressant l'artere d'un bras, cependant qu'il laissoit celle de l'autre bras libre, quelquefois serrant l'un, & touchant seulement l'autre, quelquefois continuant à me taster le poulx fort long-tems, d'autres fois me tastant de fois à autre, tantost me faisant tenir le poing fermé, quelquefois la main estenduë ; enfin il n'y a posture de main ou de bras, en laquelle il ne me voulust taster le poulx : tous ces tâtemens de poulx durerent un temps considerable, qui fut d'environ trois quarts d'heure. Aprés toutes ces façons il me vint à l'esprit de luy dire mon mal, mais le P. Adam me dit de me taire, & que le Medecin le sçavoit déja mieux que moy. Le Medecin apres s'estre assis, me dit avec une majesté qui auroit esté trop grande pour l'oracle de Delphes, le temps de ma maladie, & tous ses accidens, les reduisant tous à leur temps, & y adjoûtant toutes les autres particularitez de mon mal, avec tant de justesse que j'en demeuray tout surpris. Il m'ordonna quelques breuvages, mais je connus par leur peu d'effet, qu'il avoit mieux reüssi à deviner & connoistre ma maladie, qu'à y appliquer les remedes convenables. Or pour revenir à leur Medecine, il faut sçavoir qu'ils ne saignent jamais, mais qu'au lieu de saignées, ils appliquent des ventouses aux épaules. Ils traitent assez bien la verole avec des decoctions d'herbes ; elle n'est pas si dangereuse en ces quartiers comme elle l'est en Turquie, en Perse, & aux autres endroits des Indes Orientales. Entre leurs medicamens, ils ont une racine fameuse qui se trouve dans la Province de *Suc-iven*, & qu'ils appellent lait de Tigre ; ils disent que cette herbe ne croist qu'aux endroits où il a degouté du lait des mamelles des Tigresses, lors qu'elles sont en furie, & enragées, estant poursuivies des chasseurs. Il y a cela de vray, que l'odeur de la chair de cette racine revient assez à l'odeur du lait ; elle est blanche comme le lait ; ils pretendent que la chair de cette racine preparée d'une certaine maniere est un Sudorifique infaillible, & fort puissant. Je puis dire avoir veu la racine, mais non pas l'experience de ce qu'ils en disent.

De là on vint à l'interroger sur les autres arts des Chinois, & le Pere avec le mesme ordre avec lequel nous l'avions interrogé, nous répondit qu'ils n'ont point de cristal à la Chine, mais grande quantité de verre, & une espece ent'autres qu'ils appellent verre de ris, lequel est sans doute plus cassant, mais d'ailleurs plus aisé à travailler sans comparaison, que nostre verre ordinaire, car la paste à peine en est-elle mise dans le fourneau, qu'elle se fond aussitost, & c'est une chose incroyable comment ils le sçavent bien manier, pour en faire les beaux ouvrages qu'ils en font. Au lieu de fer ils se servent de grosses cannes de verre, comme font icy les émailleurs, & ceux qui travaillent à la lampe, leurs miroirs sont tous de bonne étoffe, & comme ils sont fort experts en l'art de fondre ou jetter les metaux, ils font de fort beaux miroirs concaves, lesquels on a à fort bon marché, & pour un peu plus d'une pistolle, l'on a un miroir de 32. poulces de diametre. Nos Peres y ont introduit l'art de faire les lunettes, & les Telescopes ; c'est une chose étonnante que les Chinois se soient voulu abaisser jusques à apprendre à les faire. Ils les font aujourd'huy assez bonnes, se servant pour cet effet de miroirs que les Marchands de l'Europe portent à la Chine ; on est asseuré de leur faire un fort grand present en leur donnant de ces grandes lunettes, mais les marchands qui y trafiquent ont commencé à leur en porter.

Ils font de fort belles étoffes d'or filé, & ils font des ouvrages fort galands de
celuy

celuy qui est trait, mais sur tout il nous vantoit l'art qu'ils ont de dorer, & argenter au feu la paille en toutes sortes de manieres; car de cette paille ainsi dorée ou argentée, ils font des ouvrages merveilleux. Mais il ne se peut pas dire, ajousta-t'il, jusques à quel point ils sont ingenieux à faire des feux artificiels; ils leur font representer des caracteres, des figures, des arbres, & font prendre au feu toutes sortes de figures & de couleurs naturelles. Je n'aurois jamais crû sur le raport des autres, ce qu'il faut que je croye, aprés l'avoir veu de mes yeux. Je vis descendre du plancher d'une sale où je me trouvay à un festin tres-propre, une grosse vigne, je la vis aussitost entourer par un autre feu qui prit la figure des feuilles de la vigne, & de ses raisins, & tout cela si joliment coloré avec leurs couleurs naturelles, que je croy qu'on ne l'eust pas pû faire mieux avec le pinceau. Cette apparence dura l'espace d'un miserere, & la matiere s'estant consumée, elle disparut, laissant les traces de la fumée dans tous les endroits où la vigne avoit paru, avec ses feuilles & ses raisins. Ils ont quelque chose de cet art en Perse, mais ils n'y reüssissent pas si bien; les Chinois en sont fort jaloux, & avec tout cela la depense n'en est pas extraordinaire, puisque pour deux pistoles on aura un feu de trois ou quatre representations. Mon Pere (luy dis-je alors) vous me faites croire maintenant, ce que je n'avois pû croire jusques à cette heure; il y a onze ans que Monsieur Sestel Danois estant à Rome, me dit qu'on luy avoit écrit de Copenhage, qu'un Danois qui estoit revenu de la Chine, avoit fait voir au Roy une sorte de feu d'artifice, que ce feu s'estant élevé en haut en forme de fuzée, s'éclata aprés en divers traits de flamme, lesquels formoient en l'air le nom du Roy. Vous le pouvez croire sans difficulté, répondit le Pere, quoique je m'étonne fort que cet homme en ayt pû découvrir le secret, ce qui ne luy auroit pas asseurément reüssi, s'il ne s'estoit appliqué à cet exercice, faisant auparavant le serment necessaire, & ce n'a pas esté sans se hazarder, qu'aprés un tel serment il ayt pû sortir du pays.

Monsieur Dati demanda s'ils se servoient de carosses ou de chariots.

Les Chinois, répondit le Pere, se servent ordinairement de littieres portées par des mulets, ou par des hommes; elles sont semblables aux nostres, horsmis qu'elles sont bien plus longues, afin d'y pouvoir mettre des hardes, un lit & une table, ce qui est une commodité tres-grande pour le voyageur. Les Tartares ont de certains carosses à deux roües, tirez par un, ou plusieurs mulets ou chevaux; ceux des femmes des Vice-Rois (par exemple) ou d'autres grands Seigneurs, sont tirez par deux de ces bestes, & suivis d'un grand nombre de femmes Tartares à cheval, armées d'arcs & de fleches. Pour porter le bagage, ils se servent de chameaux, & d'une certaine espece de cariole qui n'a qu'une roüe fort haute, & qui tourne au milieu de deux caisses dans lesquelles est le bagage; un homme seul la tire avec une sangle qui le prend à travers le corps, & qui luy sert aussi pour gouverner plus aisément les deux bastons qui sont entaillez dans les caisses, car par ce moyen il tourne comme il veut ces cariolles. Ils transportent ordinairement de cette maniere les marchandises & les fardeaux par les Provinces, & mesme au travers les montagnes.

On luy demanda s'ils se plaisent à chasser, s'ils ont l'usage de courir le Pallio, s'ils sont bons écuyers, & s'ils ont quelque adresse particuliere pour dresser les chevaux.

Les Tartares, répondit-il, sont chasseurs, mais les Chinois ne le sont point; ils ne sçavent ce que c'est que de courir le pallio; ils prennent grand soin de harnacher curieusement les chevaux, mais ils n'ont nulle adresse pour les dresser.

Nous l'interrogeasmes s'ils prennent du tabac.

Pour du tabac, ils n'en prennent point en poudre, mais beaucoup en fumée, aussi bien les Tartares comme les Chinois, tant les femmes que les hommes; les femmes portent un sachet qui leur pend sur l'épaule, dans lequel est leur pipe & leur tabac, les hommes au contraire le portent à leur ceinture.

IV. Partie.	C

Monſieur Dati demanda ſi le mot de Mandarin eſt Chinois.

Il répondit qu'il eſtoit Portugais, & qu'à la Chine on les appelle Quoan; ce mot ſignifie commander, gouverner.

Sur le point de la bravoure des Chinois, & s'ils ont de l'inclination pour les armes.

Il nous répondit qu'ils ſont fort lâches, & qu'en trois ans qu'il avoit eſté à la Chine, il n'avoit veu qu'une fois deux perſonnes ſe battre à coups de poing, leurs differens ou querelles ne ſe vuidant pas autrement.

Nous luy demandaſmes enfin, ſi à ſon retour il n'avoit point rencontré un Monſieur Tavernier, Marchand François, qui s'eſtoit embarqué à Livorne il y avoit deux ans, pour aller aux Indes, portant avec luy une richeſſe ineſtimable de pierreries, & entr'autres un aſſortiment de ſaphirs fort gros, & de perles à poire, pour faire une roſe qu'il penſoit vendre au grand Mogol; pour orner la plume de ſon elephant. J'ajoûtay que le meſme Monſieur Tavernier m'avoit dit que le Mogol faiſoit tous les jours une dépenſe de quinze mille écus pour l'entretien ſeul des elephans du feu Roy ſon pere; je priay le Pere de me dire ce que l'on en devoit croire.

Quant à Monſieur Tavernier, il me dit l'avoir rencontré en Perſe; que je ne devois faire aucune difficulté de croire ce qu'il m'avoit dit, & encore davantage de la dépenſe que faiſoit ce Prince pour l'entretien de ſes elephans; & pour me le faire mieux entendre, il faut ſçavoir (dit-il) que toute l'Inde en deçà & au delà du Gange, eſt diviſée en beaucoup de differens pays ou gouvernemens, leſquels le grand Mogol donne aux Seigneurs de ſa Cour pour toute leur vie. Ces Seigneurs en reconnoiſſance luy font tous les ans quelque grand preſent, qui en effet eſt un revenu arreſté. Outre cela ils ſont obligez de luy entretenir qui mille, qui deux mille, juſqu'à cinq mille ſoldats; le nombre de ſes troupes par cette raiſon ne diminue point, (& ſi le Prince venant à en faire la reveuë, trouve leur troupe remplie de gens mal choiſis, ils courent riſque de tomber en diſgrace) ce qui fait que le Mogol peut aſſembler en un moment cinq ou ſix cens mille hommes preſts à combattre, ſans faire une dépenſe extraordinaire, chaque Prince ou Seigneur eſtant obligé de tenir ſes troupes ſur pied, meſme en temps de paix. Cela eſtant ſuppoſé, il faut encore ſçavoir qu'il y a ſix ou ſept elephans deſtinez pour la perſonne du grand Mogol, appellez Panciaſari, qui ſignifie, Seigneurs de cinq mille, qu'ils nomment ainſi, à cauſe que le grand Mogol aſſigne à chacun de ces elephans pour leur entretien une penſion égale à ce que pourroit avoir un de ces Grands de la Cour du Mogol, qui ſont obligez d'entretenir cinq mille chevaux. Vous voyez donc par là (continua-t'il) que ce que vous a raporté Monſieur Tavernier peut eſtre vray. Or ſçachez que cette dépenſe ne s'étend pas ſeulement aux elephans, mais encore aux chevaux que l'on fait venir tous les jours devant le grand Mogol en grand nombre, auſſi bien que les elephans; qu'ils ſont harnachez de harnois couverts de pierreries, & que le Mogol ſe divertit à les faire courir & exercer les uns ou les autres, ſelon qu'il luy plaiſt le plus. De là il vint à nous parler de l'Empereur d'à preſent, & comme en ſa jeuneſſe il faiſoit ſemblant de vouloir mener une vie tout à fait retirée, & dans la contemplation; cependant cet hypocrite a depoſſedé ſon pere, qui vit encore dans une priſon à Agra, âgé de quatre-vingt ſix ans; là crainte ſeule que ſes ſujets qui aimoient le vieillard, ne ſe revoltaſſent contre luy, l'a empeſché de luy oſter la vie. Sa priſon eſt un palais d'une vaſte étenduë, avec de grands appartemens, & jardins pleins de toutes ſortes de delices. On luy a laiſſé ſa garde de mouſquetaires qui eſt fort grande, & il a encore toutes ſes femmes dans un ſerrail, parmy leſquelles il paſſe le temps, & tâche de divertir ſa penſée du malheureux état où il doit finir ſes jours. L'Empereur ſon fils fit bâtir ſous je ne ſçay quel pretexte, une tour fort haute qui commande tous les jardins de ſon pere, & fit poſer deſſus quelque temps après une ſentinelle, pour épier tout ce qui ſe paſſoit dans

sa prison; son pere le fit tirer à coups de fusil par une troupe de ses femmes, & s'a-
dressant à celuy qui commandoit dans la prison; Dites à mon fils de ma part, qu'il
envoye encore de semblables oiseaux sur cette tour, ils donneront un agreable di-
vertissement à mes femmes. On rapporte beaucoup d'exemples de la justice & de
la prudence du Mogol d'aujourd'huy. Il arriva entr'autres dans le temps que
j'estois à Lahor, qu'un Prince, pour une faute legere qu'un palfrenier avoit commis en pensant un cheval qu'il aimoit fort, il luy fit percer d'un clou la teste
à terre avec une cruauté tout à fait barbare. Un jour que l'Empereur tenoit l'audience (car il y a un jour tous les mois destiné pour cela) dans un grand pré hors
de la ville, la femme du palfrenier s'y vint plaindre de la cruauté avec laquelle on
avoit fait mourir son mary; le Grand Mogol fit venir devant luy ce Prince,
l'interrogea, s'il estoit vray qu'il eust commis le crime dont cette femme l'accusoit;
& l'autre l'ayant confessé, il le fit coucher à terre, & voulut que la femme mesme
du palfrenier le traitast de sa propre main comme il avoit traité son mary. Ils disent
beaucoup d'autres choses de la sagesse merveilleuse de ce Prince; il est vray qu'il
gouverne son Estat avec beaucoup de justice, pour se rendre agreable à ses sujets,
& pour appaiser par là les mouvemens qui se pourroient elever dans son païs, à
cause de la tyrannie qu'il exerce envers son pere, pour laquelle il sçait qu'on le hait
à mort. Il est âgé de quarante ans, mais peut-estre que quand son pere sera mort,
& qu'il n'aura plus cette retenuë, cette autre partie de son naturel, qu'il tâche de
cacher maintenant, viendra à éclater & à se faire connoistre.

Telles furent les réponses que fit le Pere Grueber à nos questions; nous avions
encore la curiosité de luy en faire bien d'autres, mais la conversation ayant déja
duré l'espace de plusieurs heures, & une tres-grande partie de la nuit s'y estant
écoulée, ce que nous aperçûmes seulement aux lumieres, nous nous levasmes, &
prismes congé du Pere, après l'avoir remercié de sa civilité.

Je croirois avoir fait tort au public, si je ne luy avois donné la relation du Pere Grueber dans la langue mesme
dans laquelle elle a esté écrite; car l'on entend assez icy cette langue, pour y reconnoistre un style noble, propre
& juste, & un caractere d'esprit qui sera deviner aisément le nom de son autheur. J'aurois mis mesme les ori-
ginaux des autres pieces Italiennes, Latines & Espagnoles, si j'avois suivi mon propre sens; car dans les Langues aussi connuës que celles-là, il faut se resoudre d'abandonner le soin de la traduction, comme je l'ay fait icy,
à des gens qui y veulent bien employer leur temps.

Il y a peu de remarques dans les Lettres Latines qui suivent, qui ne soient inserées dans cette Relation, si ce
n'est la Relation du Grand Lâma des Tartares, qui est un peu plus étenduë dans la lettre que le Pere Grueber
écrit au Pere Jean Gamans aussi Jesuite. La Latine porte que quoiqu'il n'y ait jamais eu d'Europeen ni de
Chrestien en ces quartiers là, ils imitent neantmoins tout ce qui se pratique dans l'Eglise Romaine, celebrent la
Messe avec le pain & le vin, donnent l'Extreme-Onction, benissent les mariez, font des prieres sur les mala-
des, des processions, ont des Monasteres d'hommes & de filles, chantent au Chœur comme nos Religieux, observent
divers jeûnes durant l'année, font plusieurs mortifications penibles, & entr'autres se donnent la discipline, qu'ils
font des Evesques, & envoyent des Missionnaires qui vivent dans une tres-grande pauvreté, qu'ils vont nuds
pieds jusqu'à la Chine pour y prescher leur Religion. Je remarqueray en passant qu'il se trompe lors qu'il croit
estre le premier des Chrestiens qui ait penetré jusqu'en ces quartiers-là; car je trouve que le Christianisme a eu
plus d'estenduë du costé de l'Orient que ceux qui ont escrit l'Histoire Ecclesiastique ne luy en donnent, & qu'il y
a eu des Princes, & des peuples entiers Chrestiens sur les frontieres de la Chine; Je puis mesme voir en
quel temps le Christianisme y a esté porté par des Missionnaires Nestoriens, & comment il s'est perdu; mais il
faut attendre qu'on en puisse imprimer les preuves dans les Langues mesmes dans lesquelles elles ont esté
escrites, & qu'on puisse donner d'autres pieces qui esclairciront beaucoup la Geographie & l'Histoire de ces
païs-là.

L'Alphabet des Chinois qui est ajouté à cette Relation vient du Pere Ruggieri Missionaire de la Chine; il
tomba après sa mort entre les mains du Pere Sirmon, qui le communiqua à Monsieur Hardi de qui je l'ay eu. Cet
alphabet ne s'accorde point avec ce que le Pere Grueber nous vient de dire des characteres des Chinois, ni avec ce
que tous les autres en ont escrit; ils demeurent tous d'accord que les Chinois n'ont point de lettres comme les nostres, que chaque chose a un caractere particulier, qui la represente, comme les figures des nombres ou comme
les characteres des signes & des planettes sont employez dans nos Almanachs. Pour moy je croy que nos Missionaires ont fait cet alphabet, & que ce fut avec son aide qu'ils ont fait imprimer pour l'usage des Chinois convertis quelques-unes de nos prieres que ces bonnes gens recitent, comme ils disent, avec beaucoup de devotion,
ce qui vient asseurément du grand zele de ces nouveaux convertis; car si ma conjecture est vraye, ces characteres
ne representent que le son des paroles Latines de ces mesmes prieres, & pour le sens il n'ont autre que celuy
que nous y entendons, ou plustost il n'y en a point du tout, & ces prieres ainsi escrites en Chinois sont un assem-
blage de toutes sortes de mots, sans qu'il y ait aucune suite ni liaison, ce qui autrement les devroit plustost di-
straire que d'exciter leur devotion.

IV. Partie.   C ij

Ex Litteris Grueberi Kirchero inscriptis.

EX Pequino itaque hi Patres, anno 1661. mense Iunio, in Siganfù triginta dierum, & hinc Sining sive Siningfù, totidem ferè dierum spatio transacto, bis croceo flumine, quod Hoang vocant, transito, confecerunt iter. Est autem Sining, sive Siningfù urbs magna & populosa ad vastos istos regni Sinarum muros exstructa, per quorum portam primus in Cathaium sive Chinam aditus patet ex India negotiantibus, ubi & commorari coguntur usque dum ulterior à Rege introïtus concedatur. Vrbs hæc sub elevatione poli 36. grad. min. 10. constituitur. A Sining trimestri spatio per Kalmack Tartariæ desertum, usque ad initium Regni Lassa, quod & Barantola Tartari vocant, pervenerunt. Desertum verò partim montosum, partim planum, sabulo arenisque consitum, sterile prorsus, & infœcundum, cui tamen subinde natura providit nonnullis rivis, quorum ripæ jumentis herbarum virentium pascuorumque sufficientem copiam destinant: cæterùm desertum uti ab intimis Indiæ Mediterraneis originem ducit, ita quoque ex Meridie in Boream rectâ extensum: qui ejus terminum in hunc usque diem exploraverit, inventus est nemo: putant multi illud mare usque glaciale extendi, de quo pluribus in Mundo subterraneo. Habet autem varia nomina; Paulus Marcus Venetus illud desertum Lop vocat, diabolicis illusionibus spectrorumque passim comparentium multitudine infame, de quo tamen nihil nostri Patres memorant, cum semel atque iterum hujusmodi spectra comparuisse, non comprobet perpetuam eorumdem omnibus semper comparentium continuationem. Tartari olim desertum Belgian, modò Samo, aut Sinenses Kalmuck, alii Caracathai, id est, nigram Cathaiam, vocant, ubi præter ingentis magnitudinis tauros sylvestres, nullum cæteroquin animal reperias. Tartari tamen desertis assueti, illud nullo non tempore vagabundi peragrant; hordas quoque suas, ubi rivum pascuis commodum repererint, ibidem fundant. Hordæ Tartarorum sunt casæ, hominibus pecoribusque recipiendis aptæ.

E Lassa sive Barantola sub 29. grad. 6. minut. elevat. Poli constituta, usque ad radicem montis Langur quatriduo venerunt. Est autem Langur mons omnium altissimus, ita ut in summitate ejus viatores vix respirare ob aëris subtilitatem queant; neque is ob virulentas nonnullarum herbarum exhalationes æstivo tempore, sine manifesto vitæ periculo transiri possit. Per hunc montem ob horrenda præcipitia & scopulosos tractus, neque currus, neque jumentum transire potest, sed pedestri itinere totum iter conficiendum est, spatio ferè menstruo usque ad Cuthi primam Regni Necbal urbem. Quamvis autem hic montosus tractus sit transitu difficilis, providit tamen natura de magna aquarum undique ex montium cavernis erumpentium tam calidarum, quàm frigidarum copia, nec non piscium pro hominibus, pascuorumque pro jumentis ubertate. Hunc ego tractum eundem esse puto, quem Ptolomæus sub Caucaseorum montium serie catenam longè latéque in Ortum suisque fimbriis in Meridiem & Boream protractam Parapanismum vocat. Paulus Marcus Venetus Belor, alii aliis nominibus pro diversitate Nationum per quas transit nuncupant.

Ex Cuthi quinque dierum itinere pervenitur ad urbem Nesti, Regni Necbal, in quo omnes idolatriæ tenebris involuti sine ullo Christianæ fidei signo vivunt; abundant tamen rebus omnibus ad vitam sustentandam necessariis, ita ut 30. aut 40. gallinæ pro uno scuto passim vendantur.

Ex Nesti in urbem metropolitanam Regni Necbal, quæ *Cadmendu* dicitur, sub elev. Poli 27. grad. 5. minut. constitutam, 6. dierum itinere pervenitur, ubi Rex potens, etsi Gentilis, Christianæ tamen legi haud contrarius residet.

Ex Cadmendu medii diei itinere ad urbem Necbal totius Regni sedem, quam & *Baddan* vocant, pervenitur.

Ex Necbal quinque dierum itinere urbs Hedonda occurrit, Regni Marangæ Colonia, sub altit. Poli 26. grad. 36. minut. constituta.

Ex Hedonda octiduo pervenitur usque in Mutgari, quæ est prima Regni Mogotici civitas.

Ex Mutgari dierum iter est usque in Battana, quæ est civitas Regni Bengalæ ad Gangem, sub elevat. Poli 25. grad. 44. minut. constituta.

Ex Battana octo dierum spatio pervenitur in Benares, urbem populosam ad Gangem, & sub elevat. Poli 24. grad. 50. minut. constitutam, estque celebris ob Brachmanum Academiam, quæ ibidem floret, in qua & omnes scientiæ regioni propriæ, veriùs superstitiones inauditæ docentur.

Ex Benares ad Catampor undecim dierum, & ex hac in Agram septem dierum iter est.

Ex Pequino itaque Agram usque, iter est continuatum 114. dierum: si moram spectas Caravanarum, iter est unius anni & duorum mensium circiter. Atque hæc oretenus à supramemoratis Patribus accepi, qui illnd, uti descripsimus, iter confecerunt.

Vti Regna, quæ dicti Patres itinere huc usque à nemine Europæorum tentato transierunt, Geographis ignota fuerunt, ita quoque multa haud indigna consideratione circa habitus, mores & consuetudines gentium observarunt.

Ex Pekino itaque metropoli Sinarum, & Imperiali sede moventes, bimestri temporis spatio ad muros famosissimos pervenerunt; ad quos urbs ingens Siningfù sita, murorum veluti præsidium quoddam contra Tartaros tutissimum, ubi murorum tam celebrium structuram, quantum istius loci ratio ferebat, diligentissimè observarunt; addideruntque muros tantæ latitudinis esse, ut sex equites eam commodè absque eo quod unus alterum impediat, in uno ordine constituti percurrant; undæ ab indigenis Siningfù eos frequenter visitari aiebant, tum ad aëris saluberrimi, qui ex arenoso adjacente deserto perflat, fruitionem, tum ad exercitia alia relaxandæq; menti opportunos; est enim adeò altus, ut prospectu undique & undique patentissimo, nec non amænissimo facilè indigenas ad se alliciat, tum ob dictas causas, tum ob summam scalarum, quæ ad eum ascensum præstant, commoditatem. Longitudinem verò latissimi muri usque ad alteram portam, per quam in civitatem Sucien transitur ex deserto, tantam esse, ut octodecim ferè dierum spatio vix transiri possit, quòs multi non tam negotiorum conficiendorum necessitate, quàm curiositate ducti, obtenta priùs à Gubernatore Siningfù facultate, nec non commeatu sufficiente instructi conficiunt; aiunt enim innumeras ex eo habitationes intra murum obvias veluti ex alto monte spectari; extrà verò in adjacente deserto, uti oretenus ab indigenis sibi natrari audierant, omnis generis ferocium belluarum, uti sunt Tigrides, Leones, Elephantes, Rhinocerotes, Leopardi, sylvestres Tauri, Monocerotes (est ea Asinorum cornutorum species quædam) mitis, insolitisque spectaculis ex alta veluti turri ab omnibus insultantium bestiarum periculis immunes recreari, potissimùm ex ea muri parte, quæ in Austrum tendens ad regiones magis habitatas, ut Quamsi, Iunnam & Tibet appropinquat; hinc enim ad fluvium croceum, murisque vicina loca dumetis senticetísque conferta certis anni temporibus tum pabuli, tum venationis causa agminatim se conferre solent.

Egressi itaque hanc stupendi muri vastitatem dicti Patres, statim rivum piscibus refertum obvium invenerunt, quorum non exiguam copiam cœnæ in subdiali tentorio apparatæ reservarunt; transito etiam flumine croceo extra muros, statim vastissimum illud desertum Kalmak, desertum montibus & campis sterile, horridum & formidabile ingressi, ad Barantolæ Regnum usque trimestri spatio confecerunt. Hoc desertum quantumvis squalidum sit, à Tartaris tamen, quos Kalmuk vocant, constitutis anni temporibus, ubi ad ripas fluminum major pascuorum copia est, per hordas quæ portatiles non incongruè civitates dici merentur, habitatur; Tartaris desertum hinc longè latèque latrocinandi causa divagantibus; unde ad Tartarorum insultantium violentiam propulsandam validâ manu Caravanam instructam esse oportet. Patres sæpè in eorum habitacula per hoc desertum sparsa inciderunt. Lamæ qui sunt Tartaricæ gentis Kalmack Sacrificuli, seu sacrorum Præsides, pileo utuntur rubro colore tincto, togâ albâ retrò contortâ, balteo rubro, & tunicâ flavâ induuntur, ex cujus cingulo bursa dependet.

Tartarum Kalmak referunt vidisse veste pelliceâ, & cappâ flavâ indutum. Vidit fœminam Tartaram, veste ex pelle, vel ex viridi aut rubra materia indutam; singulæ verò pentaculum quoddam seu amuletum collo appensum, utique ad malorum averruncationem gestant. Habitatio eorum est tentorium Tartaricum intrinsecùs ex parvis plicatilibus bacillis confectum, exteriùs verò rudi ex certæ lanæ materia funibusque constricta contectum.

Rotam volubilem circumagunt adstantes superstitiosi in sceptri formam, quo tempore Lamæ orant.

Effigiem descripsere Han Regis Tanguth demortui, quem dicunt quatuordecim habuisse filios, & ob insignem bonitatem & justitiam administratam, omnes indigenæ eum veluti sanctum, cultu Deis suis proprio venerantur; fuscâ dicitur fuisse facie, barbâ castanei coloris & mistâ, canis oculis protuberantibus. Est autem Tanguth ingens Tartariæ Regnum, cujus non exiguam partem transierunt Patres.

Erat tum temporis in aula Denæ Regis Tanguth, fœmina ex Tartaria Septentrionali oriunda, plexos gerens, ac in modum funiculorum contortos capillos, conchis marinis capite & cingulo exornata.

Erant & in eadem Regis curia aulici quidam, quorum si habitum consideres, is totus fœmineus est, nisi quod rubri coloris pallio Lamarum more utantur.

Est in istiusmodi Regnis Tanguth & Barantola, astutiâ & fraude satanæ horrendus & execrandus mos introductus, is videlicet, qui sequitur. Puerum eligunt viribus robustum, cui potestatem dant, ut constitutis diebus anni, quemcunque obviam habuerint hominem uniuscujusque sexus & ætatis, nullo respectu aut discrimine habito, armis quibus instruitur, conficiat; hoc enim pacto interfectos, mox veluti à Menipe Deastrâ quam colunt consecratos, æternos honores & felicissimum statum consequi stolidè & amenter sibi persuadent. Puer mirè variegato amictu, gladio, pharetrâ, sagittîque instructus, nec non vexillorum trophæis aggravatus, constituto tempore à dæmone, cui consecratus dicitur, obsessus, maximâ furiâ domo elapsus per compita & plateas divagatur, omnes sibi obvios, nullâ resistentiâ factâ pro libitu interficit; hunc patriâ linguâ *Buth*, quod interfectorem significat, vocant, undè Patres eum, eo prorsus modo, quo ipsi, dum eodem tempore ibi morarentur, viderant.

Sunt intra vastissimum Tanguthicum Regnum alia regna inclusa, & sunt primò Barantolâ, quam etiam Lassa vacant, cum cognomine Metropoli Regni; Regem proprium habet, totum fœdis Gentilitatis erroribus intricatum; differentia Numinum idola colit, inter quæ principem locum obtinet, quod Menipe vocant, & novemplici capitum discrimine in iconum monstroso fastigio assurgit, de quibus Idolis Sinensium uberiorem dissertationem promittit Kircherus. Ante hoc stulta gens insolitis gesticulationibus sacra sua facit, identidem verba hæc repetens, O Manipe mi hum, ô Manipe mi hum, id est, Manipe salva, nos. Quin & stulti homines varia ad Numen propitiandum cibaria ei apponunt, similiaque idolatriæ abominandæ specimina peragunt.

Exhibetur & aliud in Barantola falsæ Divinitatis spectaculum, quod & fidem ferè humanam excedere videtur, ita quoque singulari curâ dilucidandum est.

Narrant Patres, dum Barantolæ ad integros duos menses opportunitatem Caravanæ opperturi commorarentur, multa sese circa gentis mores & instituta observasse, quorum aliqua ridicula sunt, alia etiam execranda occurrunt. Duo hoc in Regno Reges sunt, quorum prior Regni negotiis rectè administrandis incumbit, & Deva dicitur; alter ab omni negotiorum extraneorum mole avulsus, intra secretos palatii sui secessus otio indulgens, Numinis instar adoratur, non solùm ab indigenis, sed & ab omnibus Tartariæ Regibus subditis, susceptâ ad eum voluntariâ peregrinatione; hunc veluti Deum verum & vivum, quem & Patrem æternum & cœlestem vocant, magnâ munerum, quæ eidem offerre solent, attestatione adorant. Sedet is in obscuro Palatii sui conclavi, auro argentoque ornato, nec non multiplici ardentium lampadum apparatu illustrato, in eminenti loco supra culcitram, cui pretiosi tapetes substernuntur; ad quem advenæ capitibus humi prostratis advoluti, non secus ac Summo Pontifici pedes incredibili veneratione osculantur; ut vel inde Dæmonis fraudulentia luculenter appareat, quâ venerationem soli Vicario Christi in terris Romano Pontifici debitam, ad superstitiosum barbararum gentium cultum, uti omnia cætera Christianæ Religionis mysteria, insitâ sibi malignitate, in abusum transtulit: unde uti patrum patrem Pontificem Romanum Christiani, ita Barbari hunc Deastrum magnum Lamam, id est, Sacerdotem Magnum, & Lamam Lamarum, id est, Sacerdotem Sacerdotum appellant, eò quod ab eo, ceu à fonte quodam tota Religionis, seu potiùs Idolatriæ ratio profluat, unde & eundem, Patrem æternum vocant. Veruntamen ne moriturus æternitatis duratione exutus videri possit, hinc Lamæ seu Sacrificuli, qui soli ipsi perpetuò adsistunt, ejusque necessitatibus summâ curâ & sollicitudine serviunt, oracula ex ore ejus excerpta simplicioribus advenis mira fucatæ divinitatis simulatione exponunt: hi, inquam, post mortem ejus, ex universo Regno hominem, ipsi quoad omnia simillimum, inquirunt, quem in solium surrogant; atque hoc pacto toti Regno doli fraudisque nesciis, Patris æterni ab inferis septies jam à centenis annis resuscitati, perpetuam durationem evulgantes, adeò firmiter Barbarorum animis diabolica illusione excæcatis persuadent, ut de ejus fide nullus amplius illi scrupulus inhæreat; unde tantis venerationis indiciis ab omnibus colitur, ut beatum ille se reputet, cui Lamarum (quos summis & pretiosis muneribus eum in finem, non sine magno eorum lucro corrumpere solent) benignitate aliquid ex naturalis secessus sordibus aut urina Magni Lamæ obtigerit. Ex ejusmodi enim collo portatis, urina quoque cibis commixta, ô abominandam fœditatem! contra omnium infirmitatum insultus, tutissimos ac probè munitos se fore, stolidissimè sibi imaginantur. Hæc ab incolis urbis Barantolæ Patres magno animi mœrore ex harum gentium cæcitate concepto audierunt; & quamvis Magnum Lamam (eò quod Christianæ Religionis professionem prohiberent, ut neque ullus alius, nisi præviis cæremoniis Idololatris propriis Magno Lamæ priùs exhibitis, admitti posset) videre non potuerint, ejus tamen effigiem in vestibulo Palatii Regii expositam viderunt, in quo accensis lampadibus, ficto pictoque non minùs, quàm vivo solitæ cærimoniæ exhibentur. Tanta autem authoritatis est in tota Tartaria, ut nullus Rex alicubi inauguretur, qui non priùs missis Legatis cum inæstimabilibus muneribus à Magno Lama benedictionem pro felice Regni auspicio postulet.

Viderunt & Barantolæ ex vicino Regno Coin advenas mulieres, juvenem & vetulam. Mulieres nobilitate conspicuæ, omnes capillos per modum fasciculorum plectunt, & retrò contorquent; in fronte rubram fasciam perlis exornatam gestant; in summitate coronam argenteam per modum pyxidis turchesiis & corallis distinctam portant.

Relicto Regno Lassa seu Barantola, per altissimum montem Langur, quem paulò antè descripsimus, menstruo itinere ad Regnum Necbal pervenerunt, ubi nihil ad humanæ vitæ sustentationem rerum necessariarum deesse repererunt, excepta fide in Christum, utpotè omnibus Gentilitiæ cœcitatis caligine involutis. Sunt hujus regni præcipuæ urbes Curhi & Nesti. Mos hujus gentis est, ut mulieribus propinantes, potum Chà vel vinum alii viri aut fœminæ ter eisdem infundant, & inter bibendum tria butyri fragmenta ad amphoræ limbum affigant, undè posteà bibentes accepta fronti affigunt. Est & alius in hisce Regnis mos immanitate formidandus, quo ægros suos jam morti vicinos, & desperata salute, extra domum in camporum plenas mortivicinorum fossas projectos, ibidem temporum injuriis expositos, sine ulla pietate & commiseratione interire; post mortem verò partim rapacibus volucribus, partim lupis, canibus similibusque devorandos relinquunt, dum hoc unicum gloriosæ mortis monumentum esse sibi persuadent, intra vivorum animalium ventres sepulchrum obtinere. Fœminæ horum Regnorum adeò deformes sunt, ut diabolis similiores quàm hominibus videantur, nunquam enim religionis causa aqua se lavant, sed oleo quodam putidissimo, quo præterquam quod intolerabilem fœtorem spirent, dicto oleo ita inquinantur, ut non homines sed lamias diceres.

Cæterùm Rex insignem Patribus benevolentiam exhibuit, præsertim ob tubum opticum, de quo nihil unquam iis innotuerat, aliamque curiosam Matheseos supellectilem ipsi exhibitam, quibus adeò captus fuit, ut Patres prorsus apud se retinere constituerit, neque discedere indè passus sit, nisi fide data illuc se reversuros spopondissent; quod si facerent, domum ibi in nostrorum usum & exercitium se exstructurum, amplissimis redditibus instructam unà cum plena ad Christi legem in suum Regnum introducendam facultate concessa, pollicitus est.

Ex Necbal discedentes ad confinia Regni Marangæ, quod Regno Tebet insertum est, appulerunt; cujus Metropolis Radoc, ultimus itineris in Regnum Tebet olim à P. Dandrada suscepti terminus, ubi multa Christianæ fidei olim inibi plantatæ indicia ex nominibus Dominici, Francisci, Antonii, quibus appellabantur homines, repererunt. Atque ex hinc tandem ad primam Mogolici Regni jam Orbi noti urbem Hedonda, & hinc Battanam Bengalæ ad Gangem sitam urbem, & Benares urbem Academia Brachmanum celebrem, ac tandem Agram Mogori Regiam pertigerunt; ubi P. Albertus d'Orville itinerum fractus laboribus, intra paucos dies, meritorum cumulo plenus, relicta terrestri, in cœlestem patriam, uti piè credimus, abiit, media Europam inter & Chinam via.

REVER. PATER IO. ADAM SCHALL SOC. IESV PRÆSBYTER,
Aulæ Sino-Tartaricæ supremi Consilii Mandarinus.

www.ingramcontent.com/pod-product-compliance
Lightning Source LLC
LaVergne TN
LVHW022015080426
835513LV00009B/731